나를 위해 십자가 지신 주님의 길을 따라갑니다

요한복음
13~20 장을
중심으로

예수님의 고난과 부활에 대한

40일간의 묵상 II

이장렬 지음

요단
JORDAN PRESS

예수님의 고난과 부활에 대한
40일간의 묵상(Ⅱ)

초판 1쇄 인쇄 2020년 2월 20일

지은이	이장렬
발행인	이요섭
펴낸곳	요단출판사
기획편집	강성모
디자인	디자인이츠, 조운희
제작	박태훈
영업	김승훈, 김창윤, 이대성, 정준용
	이영은, 김경혜, 정영아, 백지숙

등록 1973. 8. 23. 제13-10호
주소 07238) 서울특별시 영등포구 국회대로 76길 10
기획 문의 (02)2643-9155
영업 문의 (02)2643-7290~1
　　　　Fax(02)2643-1877

구입 문의 인터넷서점 유세근
　　　　요단인터넷서점 www.jordanbook.com

ⓒ 요단출판사 2020

값 10,000원
ISBN 978-89-350-1807-9 03230

• 이 책은 저작권법에 따라 보호를 받는 저작물입니다. 무단전재와복제를금합니다.
• 파손된 책은 구입하신 서점에서 교환해 드립니다. 책값은 뒤표지에 있습니다.

예수님의 고난과 부활에 대한
40일간의 묵상(Ⅱ)

【 요한복음 13-20장을 중심으로 】

✚

이장렬 지음

추천사

예수님의 십자가와 부활에는 기독교의 진리가 담겨 있습니다. 그러므로 고난 주간과 부활절은 가장 의미 있는 절기입니다. 그 절기를 의미 있게 보낼 수 있는 책이 나온 것은 너무 감사한 일입니다.

이장렬 교수의 글은 학자적 깊이와 목회자적 영성이 담겨 있습니다. 그는 연구하는 학자일 뿐 아니라 깊이 묵상하는 영성가 입니다. 그러므로 『예수님의 고난과 부활에 대한 40일간의 묵상Ⅱ』는 우리 모두에게 십자가를 깊이 누릴 수 있는 기회를 줍니다.

많은 분들이 이 책을 통해 하나님의 특별한 은혜를 경험하고, 새로운 미래를 여는 분기점이 되기를 소망합니다. 이장렬 교수는 언제나 저에게 연구와 묵상에 대한 도전을 주고, 열정을 전달해 주는 귀한 동역자입니다.

- 유관재 목사(성광침례교회 담임목사)

성경에 나타난 가장 중요한 사건은 예수님의 십자가와 부활입니다. 예수님의 십자가 희생으로 우리는 죄에서 자유를 누리고, 예수님의 부활에 우리는 생명의 소망을 가집니다. 이장렬 교수님이 들려주는 예수님의 고난과 부활에 대한 묵상은 요한복음에 나타난 예수님의 마지막 모습을 생생하게 담아냅니다. 그 주님의 모습을 따라가다 보면 나를 위해 고난 당하신 예수님이 보이고, 그 주님과 함께 힘있게 일어나는 부활의 능력을 체험하게 됩니다. 그리고 한 번 뿐인 인생을 주님을 위해 드리고자 하는 변화를 결단하게 될 것입니다.

- 류응렬 교수(워싱턴중앙장로교회 담임목사, 고든콘웰신학교 객원교수)

추천사

기독교 복음과 진리의 중핵은 예수 그리스도의 고난과 죽으심입니다. 그리고 우리를 위해 자발적으로 고난 당하시고, 자신을 희생하신 구주의 부활입니다. 그러므로 모든 그리스도인은 예수님의 고난과 부활의 의미에 대해서 분명하게 알아야 합니다. 본서는 요한복음 13-20장이 증거하는 주님의 고난과 부활에 대하여 모든 성도들이 깊은 묵상의 세계로 들어갈 수 있도록 돕는 탁월한 안내서입니다. 각 페이지마다 이장렬 교수의 심오한 통찰과 지혜가 번득입니다. 또한 본서는 주님의 고난과 부활의 의미를 단순히 머리로 아는 것에 머물지 않고, 어떻게 가슴으로 품고, 손과 발로 살아낼 수 있는지 체험케 해줍니다. 주님을 더욱 사랑하기 원하는 모든 성도들의 일독을 적극 권면합니다.

- **정성욱** 교수(덴버신학대학원 조직신학 교수)

이장렬 교수님의 기대되는 다섯 번째 책을 추천합니다. 이교수님의 이번 책은 전작에 이어서 본문에 대한 충실한 주해와 영적 깊이가 느껴지는 묵상을 제공합니다. 또한 독자들이 본문을 통해 깨달을 바를 스스로 정리하고, 적을 수 있는 기회를 제공합니다. 전작과 더불어 이번에 출간되는 속편은 여러분의 개인 서재에 꼭 있어야 할 귀중한 작품입니다. 묵상을 통해 삶의 길을 찾길 원하시는 모든 분께 큰 도움이 될 것입니다.

- **권호** 교수(합동신학대학원대학교 설교학 교수)

추천사

　성경에는 40일이라는 숫자가 종종 등장합니다. 모세는 하나님의 명령인 십계명을 받기 전 40일 동안 금식 했습니다. 예수님께서도 공생애를 시작하시기 전에 40일 동안 광야에 금식하셨습니다. 40일은 믿음의 사람들이 하나님의 큰 은혜를 받는 기간과 같아 보입니다. 40일 동안 '예수님의 생애와 고난과 부활'을 깊이 묵상할 수 있다는 것은 큰 복입니다. 이장렬 박사님께서는 본 도서에서 노련하고, 친절한 여행 가이드와 같이 독자들의 영적인 여정을 안내합니다. 아무쪼록 예수님의 십자가와 부활의 능력을 깊게 체험하는 의미 있는 기간이 되길 응원합니다!

－ **임도균** 교수(침례신학대학교 신학대학원 설교학)

　『예수님의 고난과 부활에 대한 40일간의 묵상 Ⅱ』는 전작에 이어 예수님의 고난의 아픔과 부활의 영광을 깊게 묵상할 수 있도록 우리를 이끌어 줍니다. 특히나 저자가 본문으로 택한 요한복음은 예수님의 십자가 고난의 전 과정을 13장-20장의 긴 부분을 할애하여 자세하게 다루고 있습니다. 그러므로 예수님의 고난과 부활에 집중하는 사순절 기간에 묵상하며 은혜를 누리기에 적합한 본문입니다. 이장렬 교수님의 깊은 묵상과, 본문을 꿰뚫는 통찰력 있는 본문 해설, 그리고 적용은 사순절을 맞이하는 우리에게 은혜와 도전을 줄 것입니다. 예수님의 고난과 부활을 묵상하며 그분의 사랑과 영광에 깊게 잠기고자 하는 모든 성도께 본서를 추천합니다.

－ **이요섭** 원장(기독교한국침례회 교회진흥원 원장)

추천사

　누가복음 22장-24장을 중심으로 한 『예수님의 고난과 부활에 대한 40일간의 묵상(I)』을 통해 탁월하고 세밀한 해설로 성경에 대한 깊은 이해를 높여 주었으며, 묵상과 적용을 위한 질문을 통해 주님과의 실제적인 더 깊은 관계로의 변화를 경험하게 함을 원주에 있는 많은 교회들과 함께 나누었습니다. 그러던 중 요한복음 13장-20장을 중심으르 한 『예수님의 고난과 부활에 대한 40일간의 묵상 II』의 출간소식을 듣게 되어 기쁘게 생각합니다. 본서는 2020년 사순절에 특별히 우리 한국교회에 주신 귀하고 복된 선물이 될 것입니다. 이미 2017년 요한복음 21장을 중심으로 하여 출간된 『네가 나를 사랑하느냐?』를 통해 이장렬 교수님이 깊고 넓은 신학적 지성과 실천적인 탁월한 영성을 겸비한 학자임을 보여 주셨습니다. 이 책을 통해 함께하시는 모든 분들이 말씀을 더 사랑하게 되고, 주님을 더 사랑하게 되어 더욱 인격의 그리스도인, 품격의 그리스도인으로 성숙함을 경험하며 주님과 동행하는 삶을 풍성히 누리게 될 것입니다. 2020년 사순절, 이 책을 통해 우리는 주님과의 더욱 깊은 관계의 기쁨과 누림의 삶을 경험하게 될 것입니다. 또한 깨어있어 분별하는 영성과, '예수무장' '복음무장' '말씀무장'으로 무장될 것입니다. 한국교회를 세워가는 하나님의 사람들로 성장하는 데에 많은 도움을 줄 것을 확신하며 본서를 추천합니다.

- **우민종** 목사(원주중앙그리스도의교회 담임목사)

체험기

『예수님의 고난과 부활에 대한 40일간의 묵상』
목회사역 적용 체험기

원주 온누리교회 **이상표** 목사

저희 교회는 이장렬 박사님이 쓰신 『예수님의 고난과 부활에 대한 40일간의 묵상: 누가복음 22-24장을 중심으로』를 사용하여 2019년 사순절 기도회를 진행하였습니다. 하루에 한 과씩(주일 제외) 저녁 8시에 모여 해당 본문과 책을 읽고 담임목회자의 강해와 추가설명으로 본문을 더 깊이 이해하고, 적용하는 방식으로 진행했습니다.

성도들은 미리 한주간의 말씀을 읽고 그날 공부하게 될 부분을 먼저 개인적으로 묵상한 후 밤기도회에 참석하였고, 담임목사는 좀 더 깊은 분석과 적용을 통해 성도들 각자의 삶에 예수님의 고난과 부활의 의미를 어떻게 적용할 수 있는지 나누며 함께 배우는 시간을 가졌습니다. 청년들은 주일 오후 4시에 모여 이 책을 교재로 사순절 기간 함께 묵상하며 공부했습니다. 먼저 주중에 개인적으로 말씀을 읽고, 묵상하며 삶에서 적용해보고, 주일에 함께 모여 그것에 대해 서로 나누는 형식으로 진행했습니다.

우리는 신앙생활을 통해 그리스도의 십자가 고난, 죽음, 그리고 부활이 내 삶에 갖는 의미를 생각합니다. 이 책을 통해 답을 얻을 수 있었습니다. 예수님의 고난과 부활은 성도들의 믿음을 통해 개인의 삶에 체현되고, 경험되는 것이었습니

체험기

다! 지식적으로, 관념적으로 알고 있던 주님의 십자가 수난과 부활이 사실 우리가 반드시 따라야 할 삶의 방식이고 성화의 길이었습니다.

이 책이 주는 가장 큰 도움은 관념적인 신앙생활에 쫓겨 예수님의 십자가마저 머릿속 지식으로만 받아들이고 있는 모습에서 진정한 믿음, 실제적인 믿음으로 그리스도의 십자가에 동참하도록 잠자는 영성을 흔들어 깨운다는 것입니다. '생존'의 욕구 앞에서 십자가를 부인하고 자신의 길을 찾아 떠나던 제자들의 모습을 통해 지금 우리의 삶을 돌아보게 하며, 이기적인 욕심과 자신의 안위에 빠져 십자가의 고난과 죽음은 뒤로한 채 오로지 영광만 얻으려는 우리 내면의 모습을 대면케 합니다.

매년 맞이하는 사순절 기간을 그냥 흘려보낼 수도 있었지만 『예수님의 고난과 부활에 대한 40일간의 묵상』을 통해 성도들이 삶을 점검하고 마지막 시대에 주의 재림을 준비하는 제자로 자라갈 수 있도록 스스로를 돌아보는 귀한 계기를 얻었습니다.

사순절을 좀 더 의미 있게 주님께 드리고 싶은 모든 목회자들과 성도들, 교회들에 이 책을 강력히 추천 드립니다.

서언

고난주간과 부활절을 앞두고 성도님들께서 예수 그리스도의 죽음과 부활에 대한 말씀을 묵상하는 데에 도움을 드리고자 2019년에 출간된 『예수님의 고난과 부활에 대한 40일간의 묵상 I』에 이어 II편을 저술하게 되었습니다.

이 책은 총 40일에 걸친 묵상으로 구성되었는데, 특별히 요한복음 13-20장의 각 구절을 이해하고, 묵상하여, 삶에 적용하는 데 도움을 드리고자 노력했습니다. 일반적인 묵상가이드 포맷에 추가하여, 해당 본문에 대해 더 깊이 이해하기 원하는 분들과 교회의 소그룹 묵상 나눔 인도자를 돕기 위해 적잖은 양의 추가 설명을 주차별 미주로 제시했습니다. 하지만 이번 40일간의 묵상 여정에서 독자들이 매일 성경 본문을 천천히 읽으면서 주님의 말씀을 경청하는 것보다 더 중요한 일은 없다고 확신합니다. 분명히 말씀드리지만, 이 책자는 성도들의 말씀 묵상을 돕기 위해 쓰인 것이지, 그들의 말씀 묵상을 대신해 주기 위해서 쓰인 것이 아닙니다.

요한복음은 크게 프롤로그(1:1-18), '표적의 책'이란 별칭을 갖고 있는 전반부(1:19-12:50), '영광의 책'이란 별명을 지닌 후반부(13:1-20:31), 그리고 에필로그(21:1-25)로 구성되어 있습니다. 본서가 이 중 후반부(13:1-20:31)에 집중한 것은 바로 이 부분이 예수님의 고난과 부활을 직접 증언하는 부분이기 때문입니다. 요한복음 21:1-25의 에필로그 부분에 대해서는 제가 2017년에 출간한 『네가 나를 사랑하느냐』라는 책에서 비교적 상세히 다루었습니다. 본 묵상집과 함께 읽어 보셔도 좋을 것 같습니다.

예수님의 죽음과 부활은 역사적 사건인 동시에, 신학적으로 가장 중요한 사건

서언

입니다. 하나님 나라의 현존을 알리고 또 그 완성을 대망케 하는 사건인 동시에, 우리의 삶 가운데서 매일 주님과의 연합(롬 6:1-14 참조)을 통해 확인되고 새롭게 체험되는 실존적 사건이기도 합니다. 저는 성도님들께서 『예수님의 고난과 부활에 대한 40일간의 묵상』 시리즈를 통해 성경 말씀을 더 사랑하게 되고, 말씀 묵상에 더 헌신하게 되길 바랍니다. 특별히 이번 40일 말씀묵상 여정을 통해 성도님들께서 십자가에서 죽으시고, 부활하여 지금도 살아계신 주 예수 그리스도와 더 친밀하게 교제하고 동행하게 된다면, 필자에게 그보다 더 영예로운 일은 없을 것입니다.

『예수님의 고난과 부활에 대한 40일간의 묵상 II』의 출판을 위해 수고해 주신 교회진흥원 이요섭 원장님과 강성모 간사님, 정수갑 목사님 그리고 모든 스탭분들께 진심으로 감사드립니다. 늘 기도해 주시고 격려해 주시는 가족 한 분 한 분께 진심으로 감사드립니다. 원고를 읽고 유익한 피드백을 주신 이충재 박사님과 나일송 목사님께 감사드립니다.

많은 분이 저를 보고 열정이 넘친다고 말씀하십니다. 그런데 제가 삶에 열정을 갖게 되고, 특별히 성경말씀을 읽는 일에 열정을 갖게 된 데에는 어머니께서 친히 보여주신 본이 절대적 영향을 끼쳤습니다. 이 책을 날마다 성경말씀을 묵상하고 부족한 아들을 위해 기도하시는 제 어머니 임묘순 사모님께 헌정합니다. 어머니, 사랑하고 축복합니다!

2020년 1월 미국 캔자스시티 미드웨스턴신학교 교정에서

이장렬

목차
contents

추천사 • 4
목회 적용 체험기/이상표 목사(원주 온누리교회 담임목사) • 8
서언 • 10
이 책의 구성 및 활용방법 • 14

Day 1   세족식이 말해주는 십자가 대속과 제자도 • 18
Day 2   "내가 진실로 진실로 네게 이르노니" • 22
Day 3   '예수께서 사랑하시는 제자' • 26
Day 4   핵심 제자의 배반 • 30
Day 5   새 계명 • 34
Day 6   누가 누구를 위해 목숨을 버렸는가? • 38
Day 7   더 깊은 묵상과 기도(Ⅰ) • 42
Day 8   '직통계시' • 48
Day 9   사랑, 순종, 성령 • 52
Day 10   예수님만 주실 수 있는 평안 • 56
Day 11   그리스도 안에 거하기 • 60
Day 12   '백 퍼센트 응답받는 기도' • 64
Day 13   미움 받기 • 68
Day 14   더 깊은 묵상과 기도(Ⅱ) • 72
Day 15   "내가 떠나가는 것이 너희에게 유익이라" • 78
Day 16   "너희 근심이 도리어 기쁨이 되리라" • 82
Day 17   "아버지께서 나와 함께 계시느니라" • 86
Day 18   '십자가'와 '영광'의 중첩 • 90
Day 19   세상에 있으나 세상에 속하지 않은 존재 • 94

Day 20 하나 됨의 비전 · 98
Day 21 더 깊은 묵상과 기도(Ⅲ) · 102
Day 22 사명을 위한 고난 부둥켜안기 · 108
Day 23 "드러내 놓고 세상에 말하였노라" · 112
Day 24 베드로의 부인(Peter's Denial) · 116
Day 25 예수님이 십자가에 죽으신 이유 · 120
Day 26 참된 왕 예수의 나라 · 124
Day 27 예수와 바라바 그리고 죄수의 대체 · 128
Day 28 더 깊은 묵상과 기도(Ⅳ) · 132
Day 29 압력 그리고 생존의 문제 · 138
Day 30 십자가에 달린 왕 · 142
Day 31 십자가 아래서 한 가족이 되다 · 146
Day 32 테텔레스타이 - "다 이루었다" · 150
Day 33 구약의 성취와 그리스도의 권위 · 154
Day 34 용기(Courage)를 내다 · 158
Day 35 더 깊은 묵상과 기도(V) · 162
Day 36 부활의 첫 증인 막달라 마리아 · 168
Day 37 부활 예수 제자들을 찾아가다 · 172
Day 38 도마 그리고 '도마' · 176
Day 39 "보지 못하고 믿는 자들은 복되도다" · 180
Day 40 더 깊은 묵상과 기도(Ⅵ) · 184

맺으면서: 부활의 제자도 · 188
부록: 21일(3주) 일정에 맞추어 사용하시는 방법 · 190

이 책의 구성 및 활용방법

❖ 이 책의 구성

본서는 요한복음 13-20장을 묵상하는 40일간 여정의 길잡이입니다. 매일의 묵상 내용은 다음과 같이 구성되어 있습니다.

- **오늘의 본문**: 당일에 묵상할 성경 본문을 개역개정 번역으로 제시합니다.
- **저자 해설 및 묵상**: 해당 성경 본문에 대한 저자의 해설 및 저자 자신의 묵상을 제시합니다.
- **묵상과 적용을 위한 질문**: 본문에 대한 이해, 묵상, 적용을 돕기 위해 저자가 준비한 질문입니다. 질문에 대한 답을 손수 기록할 공간도 제시되었습니다.
- **나만의 묵상 메모**: 독자들이 당일 성경 본문을 묵상하면서 받은 은혜를 직접 기록하는 공간입니다.
- **저자와 함께 하는 한 줄 기도**: 당일 묵상한 성경 본문에 근거하여 저자가 '한 줄 기도'를 제시했습니다.
- **기도와 결단**: 독자들이 자신의 기도와 결단을 적을 수 있는 공간을 별도로 포함했습니다.
- **추가설명**: 당일 본문에 대한 이해를 돕기 위한 추가 설명입니다. 이 내용을 읽지 않으셔도 본 책자를 사용하여 말씀 묵상을 하시는 데는 전혀 지장이 없습니다. 하지만 (1) 당일 묵상한 본문에 대해 더 깊이 이해하기 원하는 분들 그리고 (2) 가정이나 교회의 소그룹에서 묵상 나눔 리더로 섬기는 분은 제시된 '추가설명'을 꼭 읽으시면 좋겠습니다.

❖ **이 책의 활용방법 및 순서**

독자들 개개인의 상황이나 소속하신 교회나 소그룹의 성격과 필요에 따라 이 책을 활용하는 방식이 달라질 수 있을 것입니다. 그러므로 이하에 제시된 활용순서를 '규칙'이라기보다는 하나의 좋은 예 정도로 참고해 주시길 바랍니다.

1. 가급적 아침 일찍 또는 하루 중 가장 잘 집중할 수 있는 시간에 조용한 장소를 찾아 말씀 묵상을 시작합니다. 말씀 묵상의 첫 단추는 기도입니다. 당신의 마음 눈을 열어 성경을 깨닫게 해 달라고 주님께 기도하시기 바랍니다.
2. 시작 기도를 마친 후, 제시된 '오늘의 본문'을 2회 이상 천천히 기도하는 맘으로 읽습니다.
3. 본문을 읽은 후에, '저자 해설 및 묵상'을 정독합니다.
4. 저자 해설과 묵상을 정독한 후, '묵상과 적용을 위한 질문'에 대한 자신의 답을 손수 적어봅니다.
5. 그리고서 다시 '오늘의 본문'을 1회 혹은 그 이상 기도하는 맘으로 읽습니다. 그 과정에서 말씀이 더욱 심령 깊이 뿌리를 내리게 될 것입니다.
6. 아직 중요한 단계들이 남았습니다. 먼저, '나만의 묵상 메모'란에 당일 성경 묵상을 통해 받은 은혜와 감동의 기록을 남깁니다.
7. 그리고 '저자와 함께 하는 한 줄 기도'로부터 시작하여, 당일 말씀 묵상에 근거한 독자 자신의 기도와 결단을 '기도와 결단'란에 손수 기록합니다.
8. 묵상한 말씀을 그날의 삶 가운데 적용하여 실천합니다. 묵상한 말씀을 기억하고 주님과 동행하는 가운데 비로소 말씀 묵상이 완성됩니다.

9. 가정이나 교회 소그룹에서 이 책자를 사용해서 함께 묵상하시면 더 좋습니다. 가급적 정기적으로 말씀 묵상 나눔 시간을 가지시기 바랍니다. 적어도 일주일에 1회 묵상 나눔 시간을 가지면 좋겠습니다. 묵상 나눔 시간은 예를 들어 다음과 같이 진행할 수 있습니다.

(1) 시작 기도
(2) 찬송
(3) 한 주간 묵상한 본문 낭독 혹은 교독
(4) 묵상 나눔: 한 주간 말씀 묵상을 통해 가장 많이 은혜를 받은 부분 및 그 이유 그리고 삶 가운데서 묵상한 말씀을 어떻게 실천하고 있는지에 대해 돌아가면서 나누는 시간
(5) 서로를 위해 기도하는 시간
(6) 마침 기도/찬송

묵상 모임의 성격과 필요에 따라 위의 순서와 내용은 얼마든 조정 및 변경이 가능합니다.

요한복음 13-20장을 중심으로

1 DAY

세족식이 말해주는 십자가 대속과 제자도

오늘의 본문 요 13:1-15

1. 유월절[1] 전에[2] 예수께서 자기가 세상을 떠나 아버지께로 돌아가실 때가 이른 줄 아시고 세상에 있는 자기 사람들을 사랑하시되 끝까지[3] 사랑하시니라
2. 마귀가 벌써 시몬의 아들 가룟 유다의 마음에 예수를 팔려는 생각을 넣었더라
3. 저녁 먹는 중 예수는 아버지께서 모든 것을 자기 손에 맡기신 것[4]과 또 자기가 하나님께로부터 오셨다가 하나님께로 돌아가실 것을 아시고
4. 저녁 잡수시던[5] 자리에서 일어나 겉옷을 벗고 수건을 가져다가 허리에 두르시고
5. 이에 대야에 물을 떠서 제자들의 발을 씻으시고 그 두르신 수건으로 닦기를 시작하여
6. 시몬 베드로에게 이르시니 베드로가 이르되 주여 주께서 내 발을 씻으시나이까
7. 예수께서 대답하여 이르시되 내가 하는 것을 네가 지금은 알지 못하나 이 후에는 알리라
8. 베드로가 이르되 내 발을 절대로 씻지 못하시리이다 예수께서 대답하시되 내가 너를 씻어 주지 아니하면 네가 나와 상관이 없느니라
9. 시몬 베드로가 이르되 주여 내 발뿐 아니라 손과 머리도 씻어 주옵소서
10. 예수께서 이르시되 이미 목욕한 자는 발밖에 씻을 필요가 없느니라 온 몸이 깨끗하니라 너희가 깨끗하나 다는 아니니라 하시니
11. 이는 자기를 팔 자가 누구인지 아심이라 그러므로 다는 깨끗하지 아니하다 하시니라
12. 그들의 발을 씻으신 후에 옷을 입으시고 다시 앉아 그들에게 이르시되 내가 너희에게 행한 것을 너희가 아느냐
13. 너희가 나를 선생이라 또는 주라 하니 너희 말이 옳도다 내가 그러하다
14. 내가 주와 또는 선생이 되어 너희 발을 씻었으니 너희도 서로 발을 씻어 주는 것이 옳으니라
15. 내가 너희에게 행한 것 같이 너희도 행하게 하려 하여 본을 보였노라

저자 해설 및 묵상

많은 성도들이 그리스도의 죽음을 통한 구속을 강조하면서 그의 죽음이 제시하는 제자도의 본에 대해 간과합니다. 반대로 제자도의 본을 강조하다 보니 그리스도의 죽음이 지니는 구속의 가치를 제한하거나 약화시키기도 합니다. 하지만 성경은 둘 모두를 강조합니다. 사실 이 둘은 마치 동전의 양면처럼 불가분의 관계로 연결되어 있습니다.

오늘 본문에서 나오는 예수님의 세족식 모습은 요한복음에서 주님의 죽음에 특별히 집중하는 13-19장의 첫머리에 등장합니다. 이 배치를 통해 요한은 주님이 제자들의 발을 씻기신 일이 단순히 본을 보이는 데에서 그치는 것이 아니라 십자가의 대속 사건을 암시함을 말합니다.

예수님의 섬김의 궁극은 십자가의 대속적 죽음입니다(막 10:45; 빌 2:6-8 참조).[6] 모든 권세를 가지신(요 13:3) 영광의 주께서 친히 제자들의 발을 씻기신 일은 그가 십자가에서 이루신 궁극적 섬김의 극치인 구속을 상징합니다(사 53 참조). 그렇기에 주님이 제자들의 발을 씻기신 장면을 대할 때 그리스도의 죽음을 깊이 묵상하는 것을 잊어선 안 됩니다. 하지만 오늘 본문이 주님의 제시하는 본에 관해 강조하고 있음 또한 놓치지 말아야 합니다. 오늘 본문은 제자들의 발을 친히 씻겨주시는 주님의 모습에 주목합니다. 예수님은 당시 가장 낮은 계층의 노예가 했던 발 씻겨주는 일을 친히 자신의 제자들을 위해 행하십니다. 그리고 그것이 제자들에게 섬김의 본을 보이기 위함이었음을 선명히 밝히십니다. "내가 주와 또는 선생이 되어 너희 발을 씻었으니 너희도 서로 발을 씻어 주는 것이 옳으니라 내가 너희에게 행한 것 같이 너희도 행하게 하려 하여 본[7]을 보였노라"(요 13:14-15).

저자 해설 및 묵상

예수님이 제시하는 겸손과 섬김의 본은 세상과는 달라도 너무나 달라 우리에게 충격을 줍니다. 세상은 '아랫사람'이 '윗사람'을 섬기는 것을 너무나 당연하게 생각합니다. 1세기 유대교는 제자가 스승을 섬기는 것을 당연하게 여겼습니다. 그러나 오늘 본문은 예수님이 제자들의 섬김을 받는 게 아니라 도리어 그들을 섬기는 모습을 적나라하게 보여줍니다. 주님은 당시 노예 중에서도 최하층 계급이 할 일을 제자들을 위해 직접 행하십니다. 그런 차원에서 베드로의 반응이 십분 이해됩니다. "베드로가 이르되 내 발을 절대로 씻지 못하시리이다!"[8] (요 13:8)

예수님은 제자들의 발을 씻기시는 순도 100%의 사랑[9]과 겸손과 섬김의 본을 보이심을 통해 자기숭배에 중독된 이 세상 한복판에서 제자들이 살아가는 방법을 가르쳐 주십니다. 그리고 그로부터 여러 시간 지나지 않아 주님은 십자가의 죽음을 통해 제자들과 세상을 위한 그의 파격적 섬김을 완성합니다(요 1:29 참조).

필자가 아는 한 목사님은 얼마 전 "목회에서 죽을 각오가 되어있어도 무릎을 꿇고 종이 되어 섬기는 일은 어렵습니다. 목숨보다 자존심이 다루기 더 어렵습니다."라고 진실하게 고백하셨습니다. 이 목사님의 고백에 사실 많은 분들이 공감할 것입니다. 그의 고백은 우리로 하여금 오늘 본문이 보여주는 예수님의 파격에 주목케 하고, 그리스도의 십자가에 더 집중케 합니다.

예수님의 십자가 대속(요 1:29 참조)에 대한 감사와 감격을 갖고 이번 40일간의 묵상 여정을 시작하십시오. 아울러 주님이 친히 보여주신 파격적 사랑, 겸손, 그리고 섬김의 본에 대해 깊이 생각하고, 예수님을 따르는 '거룩한 모방'(imitation)에 있어 의미 있는 진보를 이루는 이번 묵상 여정이 되기 바랍니다.

 **묵상과 적용을 위한 질문**

지금 당신은 예수님의 십자가 대속에 대한 감사와 감격 가운데, 예수님이 보이신 사랑과 겸손, 섬김의 본을 따르고 있습니까? 십자가 대속에 대한 감사와 제자도의 헌신이 균형을 이룬 신앙생활을 하고 계신가요? 만약 그렇지 못하다면 그 이유는 무엇입니까?

_____

_____

 나만의 묵상 메모

_____

_____

 **저자와 함께 하는 한줄 기도**

십자가의 구속에 대한 감격이 겸손과 섬김으로 이어지는 이번 40일 묵상 여정이 되게 하소서.

기도와 결단

- 오늘 묵상한 말씀의 적용과 삶의 결단을 담아 자신의 기도를 적어보세요.

_____

_____

2 DAY

"내가 진실로 진실로 네게 이르노니"

오늘의 본문 요 13:16-20

16 내가 진실로 진실로 너희에게 이르노니 종이 주인보다 크지 못하고 보냄을 받은 자가 보낸 자보다 크지 못하나니
17 너희가 이것을 알고 행하면 복이 있으리라
18 내가 너희 모두를 가리켜 말하는 것이 아니니라 나는 내가 택한 자들이 누구인지 앎이라 그러나 내 떡을 먹는 자가 내게 발꿈치를 들었다 한 성경[10]을 응하게[11] 하려는 것이니라
19 지금부터 일이 일어나기 전에 미리 너희에게 일러 둠은 일이 일어날 때에 내가 그[12]인 줄 너희가 믿게 하려 함이로라
20 내가 진실로 진실로 너희에게 이르노니 내가 보낸 자를 영접하는 자는 나를 영접하는 것이요 나를 영접하는 자는 나를 보내신 이를 영접하는 것이니라

저자 해설 및 묵상

구약성경에는 "여호와께서 이르시되"(Thus says the Lord) 혹은 그와 유사한 표현이 수도 없이 등장합니다. 이는 선지자들이 하나님의 말씀을 대언할 때 사용되는 표현입니다. 반면, 신약에는 그런 표현이 없습니다. 대신 사복음서에 따르면, 예수님은 "내가 진실로 이르노니" 혹은 "내가 진실로 진실로 이르노니" 같은 표현을 자주 사용하십니다. 요한복음 13장에서도 이런 표현이 거듭 사용됩니다(요 13:16, 20, 21).

얼핏 보면 그냥 별 일 아닌 듯 싶지만, 예수님이 "여호와께서 이르시되"(Thus says the Lord) 같은 대언 공식을 사용하시지 않는 데 주목할 필요가 있습니다. 예수님은 선지자들처럼 하나님을 대신해서 말씀(speaking on behalf of God)하는 데 그치지 않으십니다. 자신 안에 내재한 신적(divine) 권위를 갖고, 하나님으로서 말씀하십니다(speaking as God). 하나님의 말씀을 전한다는 면에서 구약 선지자들의 역할과 예수 그리스도의 역할 간에 연속성이 존재하지만, 이 둘의 정체성에는 극명한 차이가 존재합니다.[13] 히브리서 저자는 이 점을 명확하게 인식하고 그의 편지 서두에서 다음과 같이 강조하여 언급합니다.

'옛적에 선지자들을 통하여' 여러 부분과 여러 모양으로 우리 조상들에게 말씀하신 하나님이 이 모든 날 마지막에는 '아들을 통하여' 우리에게 말씀하셨으니 이 아들을 만유의 상속자로 세우시고 또 그로 말미암아 모든 세계를 지으셨느니라 이는 '하나님의 영광의 광채시요 그 본체의 형상'이시라 그의 능력의 말씀으로 만물을 붙드시며 죄를 정결하게 하는 일을 하

저자 해설 및 묵상

시고 높은 곳에 계신 지극히 크신 이의 우편에 앉으셨느니라(히 1:1-3)

우리가 신약성경에서 예수님의 말씀을 들을 때(그리고 궁극적으로 성경 전체를 대할 때) 이를 우리를 위한 하나님의 말씀으로 받아야 합니다. 이번 40일간의 묵상 여정 가운데 성경 말씀에 대해 이해하거나, 동의하는 수준에서 벗어나 우리의 삶을 주님 말씀의 권위 아래에 과감히 내려놓는 은혜가 있길 원합니다. 하나님 말씀을 묵상하며, 경청하는 일에 더 집중하고 실천적 열심을 내야 합니다. 그럴 때 살아있고, 능력 있는 주의 말씀의 능력을 우리의 심령과 삶의 한복판에서 경험하게 될 것입니다.

묵상과 적용을 위한 질문

'성경은 하나님의 말씀'이라는 고백이 실제로 당신의 신앙생활과 일상 가운데 어떤 실제적 변화와 차이를 가져오나요? 혹시 그것이 공허한 입술의 고백으로 끝나고 있는 것은 아닌가요? 당신은 말씀 묵상과 말씀 순종을 위해 어떤 실천적 노력을 기울이고 있나요?

_____

_____

 나만의 묵상 메모

_____

_____

 **저자와 함께 하는 한 줄 기도**

40일간의 여정 가운데 하나님 말씀(성경)을 진정 사랑하여 깊이 묵상하고 뜨겁게 순종하게 하소서.

기도와 결단

• 오늘 묵상한 말씀의 적용과 삶의 결단을 담아 자신의 기도를 적어보세요.

_____

_____

DAY 3

'예수께서 사랑하시는 제자'[14]

오늘의 본문 요 13:23-25

23 예수의 제자 중 하나 곧 그가 사랑하시는 자가 예수의 품[15]에 의지하여 누웠는지라
24 시몬 베드로가 머릿짓을 하여 말하되 말씀하신 자가 누구인지 말하라 하니
25 그가 예수의 가슴에 그대로 의지하여 말하되 주여 누구니이까

저자 해설 및 묵상

신약성경의 네 번째 복음서(요한복음)의 저자인 '예수의 사랑하시는 그 제자'(요 13:23; 18:15-18; 19:26-27, 35; 20:1-9; 21:7, 20-24)가 누구인지에 대해 여전히 학자들 간에 논의가 계속되고 있습니다. 하지만 고부들을 통해서 전해진 가장 유력한 전승은 세베대의 아들이요, 야고보의 동생인 사도 요한을 신약성경 네 번째 복음서의 저자로 지목하고 있음을 쉽게 무시할 수 없습니다. 더욱이, 신약성경에 있는 사도 요한에 대한 묘사를 고려해야겠는데, 만일 사도 요한이 '예수의 사랑하시는 그 제자'가 아니라면, 바울이 예루살렘 그리스도인 공동체의 '기둥'으로 언급(갈 2:9)했고 공관복음(마태, 마가, 누가복음)에서도 줄곧 등장하는 요한이 신약의 네 번째 복음서 1-20장에서 아예 언급조차 안 된다고 봐야 합니다. 하지만, 예수님의 승천 후에 베드로와 더불어 초대교회에서 가장 주도적 역할을 했던 사도 요한(행 3, 4, 8장)이 신약의 네번째 복음서에서는 거의 맨 끝에 해당하는 21:2 전에는 아예 등장조차 안 한다고 말하는 것은 상당히 어색한 일이겠죠. 그런 점에서, 사도 요한을 신약 네 번째 복음서의 저자인 '예수의 사랑하는 그 제자'로 보는 것은 사실 매우 자연스러운 것입니다.

사도 요한은 '예수의 사랑하시는 그 제자'라는 자기 호칭에서 자신의 정체성을 예수님의 사랑에 근거하여 이해합니다. 요한에게는 자신의 이름보다 주님께서 자신을 사랑하신다는 사실이 그에게 더 중요하고도, 본질적인 요소였을 것입니다. 그래서 그가 신약의 네 번째 복음서를 기록하면서 자기 이름 대신 '예수의 사랑하시는 제자'라는 호칭을 거듭 사용했을 것입니다.

사도 요한은 다른 그 무엇이 아닌, 주 예수님과의 관계에서 자신이 누구인지

저자 해설 및 묵상

를 발견했습니다. 불완전한 자신의 행동 양식이 아닌, 완전하고 변함없는 그리스도의 사랑(요 13:1)을 자기 정체성의 뿌리로 삼았습니다. 물론 주님께서 제자 중 사도 요한 한 사람만 편애하셨다는 뜻은 아닙니다. 요한복음 11장에는 예수님께서 나사로를 사랑하셨다는 표현이 거듭나옵니다(요 11:3['사랑하시는 자']; 요 11:36 ['그를 얼마나 사랑하셨는가']). 아울러 소위 요한복음의 요절(key verse)이라고 하는 3:16은 하나님이 예수의 제자 중 어느 한 사람이 아니라 '세상'(즉, 세상에 있는 하나님을 떠난 사람들)을 사랑하셔서 그들이 믿음을 통해 영원한 생명을 누릴 수 있는 길을 열기 위해 하나뿐인 친아들까지 내주셨다고 말합니다. 사도 요한은 '예수의 사랑하시는 그 제자'라는 호칭을 자신에게 적용하면서 주님께서 자기만 편애하셨다고 너스레를 떠는 게 아닙니다. 오히려, 그리스도께서 자신을 포함한 제자들과 인류에게 베푸신 가장 놀라운 사랑을 인격적으로 체험했음을 고백하고 있습니다. 사도 요한이 자랑하는 대상은 목숨까지 다해 사랑해 주신 예수님입니다.

사도 요한은 '예수의 사랑하시는 그 제자'라는 호칭을 통해 주님의 사랑 받는 자 된 자기 정체성에 대해 고백합니다. 요한은 그러한 고백을 통해 그의 최초 독자들과 우리들을 예수님의 십자가 사랑으로 부드럽게 그러나 힘차게 초대합니다.[16] 우리의 정체성이 "나를 사랑하사 나를 위하여 자기 자신을 버리신 하나님의 아들"(갈 2:20) 안에 뿌리내려야 함을 그는 은은하면서도 열정적으로 노래합니다.

묵상과 적용을 위한 질문

당신의 정체성은 무엇에 근거하고 있습니까? 주 예수님의 십자가 대속과 당신의 정체성은 어떤 관계를 갖고 있나요?

___

___

___

 **나만의 묵상 메모**

___

___

___

 **저자와 함께 하는 한줄 기도**

다른 그 무엇이 아니라, 십자가에서 계시된 예수님의 사랑 안에 제 정체성이 뿌리내리게 하소서.

기도와 결단

- 오늘 묵상한 말씀의 적용과 삶의 결단을 담아 자신의 기도를 적어보세요.

___

___

4 DAY

핵심 제자의 배반

오늘의 본문 요 13:21-30

21 예수께서 이 말씀을 하시고 심령이 괴로워 증언하여 이르시되 내가 진실로 진실로 너희에게 이르노니 너희 중 하나가 나를 팔리라[17] 하시니
22 제자들이 서로 보며 누구에게 대하여 말씀하시는지 의심하더라[18]
23 예수의 제자 중 하나 곧 그가 사랑하시는 자가 예수의 품에 의지하여 누웠는지라
24 시몬 베드로가 머릿짓을 하여 말하되 말씀하신 자가 누구인지 말하라 하니
25 그가 예수의 가슴에 그대로 의지하여 말하되 주여 누구니이까
26 예수께서 대답하시되 내가 떡 한 조각을 적셔다 주는 자가 그니라 하시고 곧 한 조각을 적셔서 가룟 시몬의 아들 유다에게 주시니
27 조각을 받은 후 곧 사탄이 그 속에 들어간지라 이에 예수께서 유다에게 이르시되 네가 하는 일을 속히 하라 하시니
28 이 말씀을 무슨 뜻으로 하셨는지 그 앉은 자 중에 아는 자가 없고
29 어떤 이들은 유다가 돈궤를 맡았으므로 명절에 우리가 쓸 물건을 사라 하시는지 혹은 가난한 자들에게 무엇을 주라 하시는 줄로[19] 생각하더라
30 유다가 그 조각을 받고 곧 나가니 밤[20]이러라

저자 해설 및 묵상

오늘 본문은 열두 제자 중 하나인 유다의 배반에 대해 예수님이 예언하시는 긴장감 높은 장면을 보여줍니다. 저자 요한의 보도에 따르면, 유다는 이날 식사에서 '주께서 사랑하시는 제자'(요한)와 함께 가장 영예로운 예수님 옆 자리에 앉았습니다. 베드로가 아닌 가룟 유다와 요한이 영예의 자리에 위치했습니다(요 13:23-26).

당시에 식사를 주관하는 이(여기서는 예수님)가 옆에 앉은 사람에게 '떡 한 조각을 적셔다 주는' 것은 그 떡을 받는 이에게 영예로 여겨졌습니다(26절 참고). 게다가 유다는 돈궤를 맡은 제자입니다(29절). 동서고금을 막론하고 돈은 아무에게나 맡기지 않습니다. 가장 신뢰할 만한 사람에게 맡깁니다. 그런데 그런 핵심 제자 유다가 예수님을 배반합니다.[21] 우리는 이미 가룟 유다를 예수님을 배신한 몹쓸 녀석으로 알고 있지만, 나머지 열한 명의 제자들 사이에서 유다의 배반은 아마 아무도 예상치 못한, 충격적 사건이었을 것입니다. '주께서 사랑하시는 제자'가 "선생님을 배신하는 녀석이 누구죠?"라는 질문하고 예수님이 그에 대해 알아들을 수 있게 말씀하셨음에도 제자들 중 그 누구도 유다가 배신자라는 사실을 눈치채지 못합니다. 이는 동료 제자들이 그만큼 가룟 유다를 신뢰하고 있었음을 암시하는 것으로도 볼 수 있습니다.

가룟 유다의 배반이 동료 제자들에게 얼마나 충격적이었는지를 생각해 보는 데 그칠 것이 아니라 그의 배신이 우리에게 주는 경고를 엄중하게 받아들여야 합니다. 우리가 남들로부터 제법 신뢰받고, 소위 '영예로운' 위치에 있다고 해서 우리가 하나님 앞에 바로 서 있다는 뜻은 결코 아닙니다. 만일 그랬다면 유다의

저자 해설 및 묵상

배신은 설명이 불가능해집니다.

'영예로운', '신뢰받던' 제자 유다가 가장 수치스럽고, 신뢰를 저버리는 행동을 벌였습니다. 유다의 배반을 목도하면서, 우리 가운데 영적 각성이 있기를 기도합니다. 주변에서 알고 지내던 이들이 예수님을 배반하는 행동을 범하는 것을 목도할 때 우리는 그저 손가락질 하기에 바쁜가요? 아니면 그것을 자신의 영적 각성을 위한 기회로 삼고 있나요?

우리가 결코 자만하거나 방심하지 말고, 매일 깨어 주님 앞에 서 있기를 기도해야 합니다. '사람들이 나를 어떻게 봐 주는가?'가 아니라 '내가 실제로 하나님 앞에 어떻게 서 있는가?'에 관심을 두고 살아야 합니다. 하나님께 삶의 모든 것을 다 내맡기고, 주님 말씀에 순복하고, 마귀를 대적하는 것이 우리의 라이프스타일(lifestyle)이 되기를 기도합니다(약 4:7).

묵상과 적용을 위한 질문

나머지 열한 제자가 처음 유다의 배신에 대해 알게 되었을 때 그들은 어떤 반응을 보였을까요? 주변에서 알던 사람들이 예수님을 배반하는 행동을 하는 것을 경험한 적이 있었나요? 그때 당신은 어떤 반응을 보였나요? 그 사람을 손가락질 하는 데 바빴나요? 아니면 이를 영적 각성의 기회로 삼았나요?

_____

_____

 나만의 묵상 메모

_____

_____

 **저자와 함께 하는 한줄 기도**

영적으로 깨어 있어 하나님께 순복하고, 마귀를 대적하는 것이 제 삶의 패턴 되게 하소서.

기도와 결단

- 오늘 묵상한 말씀의 적용과 삶의 결단을 담아 자신의 기도를 적어보세요.

_____

_____

5 DAY

새 계명

오늘의 본문 요 13:31-35

31 그가 나간 후에 예수께서 이르시되 지금 인자(人子)[22]가 영광을 받았고 하나님도 인자로 말미암아 영광을 받으셨도다
32 만일 하나님이 그로 말미암아 영광을 받으셨으면 하나님도 자기로 말미암아 그에게 영광을 주시리니 곧 주시리라
33 작은 자들아 내가 아직 잠시 너희와 함께 있겠노라 너희가 나를 찾을 것이나 일찍이 내가 유대인들[23]에게 너희는 내가 가는 곳에 올 수 없다고 말한 것과 같이 지금 너희에게도 이르노라
34 새 계명을 너희에게 주노니 서로 사랑하라 내가 너희를 사랑한 것 같이 너희도 서로 사랑하라
35 너희가 서로 사랑하면 이로써 모든 사람이 너희가 내 제자인 줄 알리라

저자 해설 및 묵상

요 13:34에 따르면, 예수님께서는 제자들에게 '새 계명'를 주신다고 말씀하십니다. 그런데 한 가지 질문이 생깁니다. "이웃을 네 몸과 같이 사랑하라"(레 19:18)는 계명은 이미 구약 율법에 기록되어 있고, 1세기 유대인들이 잘 알던 바인데 왜 그 계명을 굳이 새롭다고 말씀하시는 것일까요? 예수님께서 역설법이나 과장법을 사용하시는 것일까요? 그렇지 않습니다. 얼핏 보면 그리 새로운 것이 없어 보이는 계명이지만 조금만 잘 살펴보면 분명 새롭습니다.

주님이 주시는 '서로 사랑'의 계명은 '내가 너희를 사랑한 것 같이'라는 새로운 기준을 포함합니다(34절). 주님께서 최하급 노예처럼 제자들의 발을 씻기신 것과 같이(요 13:1-20), 나아가 십자가에서 그들 대신 고난 받고, 죽으신 것처럼[24] 그렇게 제자들 간에 서로 사랑하라는 계명입니다. '내가 너희를 사랑한 것 같이'라는 새로운 기준을 갖고 있기에 이 계명은 진정 새롭습니다.

이 같은 새로운 '서로 사랑'의 계명을 실천하는 것이 제자공동체의 표지입니다. "너희가 서로 사랑하면 이로써 모든 사람이 너희가 내 제자인 줄 알리라"(요 13:35). 이 새 계명을 실천하는 것은 선교적 의의를 내포합니다(35절; 요 17:20 이하 참조). 제자들이 세상에서는 도저히 볼 수 없는 십자가적 방식으로 그렇게 서로 희생하고, 배려하고, 양보하고, 사랑할 때 사람들은 메시아가 도래했음에 대한 암시를 얻습니다. 적어도 간접적으로 서로사랑의 공동체 가운데서 예수님을 대면하게 되기 때문입니다.

주님 주신 새 계명에 대해 깊이 묵상하는 오늘 하루가 되길 바랍니다(요 13:34). 그리고 세상에선 발견할 수 없는 희생적인 서로 사랑을 실천하는 제자가

저자 해설 및 묵상

되길 바랍니다. 그러한 서로사랑을 실천하는 우리의 모습을 보고 세상이 예수님을 발견하게 되길 기도합니다. 주님은 분명 우리에게 "내가 너희를 사랑한 것 같이 너희도 서로 사랑하라"라고 명령하셨습니다. 우리가 실천해야 할 서로 사랑은 '예수님이 우리에게 보여주신 것과 같은' 사랑입니다. '이 정도면 많이 사랑한 거야!'라는 생각으로 주님이 우리에게 보여주신 사랑의 크기를 재단하지 마십시오. 십자가에서 죽으시기까지 우리를 사랑하신 그 무한하신 사랑으로 서로를 사랑하시길 바랍니다. 서로 사랑에 대한 우리의 기준이나 경험, 혹은 '과한 것'을 싫어하는 사회적 통념에 너무 제약 받지 말기 바랍니다. 우리가 진정 주님이 가르쳐 주시고, 몸소 보여주신 '서로 사랑'의 기준을 추구하게 되길 간구합니다.

묵상과 적용을 위한 질문

'서로 사랑'이라는 표현을 들을 때 먼저 어떤 생각이 드시나요? 이번 한 주간, 삶에서 예수님이 우리를 사랑하셨듯 서로를 사랑하는 것을 실천하는 방법에는 무엇이 있을까요?

 **나만의 묵상 메모**

 **저자와 함께 하는 한줄 기도**

예수님의 십자가 사랑에 흠뻑 젖어 그 놀라운 사랑을 주변에 마음껏 유통하게 하소서.

기도와 결단

- 오늘 묵상한 말씀의 적용과 삶의 결단을 담아 자신의 기도를 적어보세요.

---

6 DAY

누가 누구를 위해 목숨을 버렸는가?

오늘의 본문 요 13:36-38

36 시몬 베드로가 이르되 주여 어디로 가시나이까 예수께서 대답하시되 내가 가는 곳에 네가 지금은 따라올 수 없으나 후에는 따라오리라²⁵
37 베드로가 이르되 주여 내가 지금은 어찌하여 따라갈 수 없나이까 주를 위하여 내 목숨을 버리겠나이다
38 예수께서 대답하시되 네가 나를 위하여 네 목숨을 버리겠느냐 내가 진실로 진실로 네게 이르노니 닭 울기 전에 네가 세 번 나를 부인하리라

저자 해설 및 묵상

예수님은 베드로에게 "내가 가는 곳에 네가 지금은 따라올 수 없다"고 말씀하십니다(36절). 주님은 이제 십자가를 향해 나가시지만, 베드로는 그것을 아직 제대로 이해하지 못합니다. 베드로는 "주를 위하여 내 목숨을 버리겠나이다"라고 호언장담까지 합니다.

실제로 베드로는 장차 주님을 위해 목숨을 드릴 것입니다(요 21:18-19 참조). 지금 호언장담하고 있는 시점으로부터 약 30년 정도 후에 말입니다. 그러나 지금 그는 아직 준비되지 않았습니다. 사실 시몬 베드로는 몇 시간 지나지 않아 주님과의 관계를 세 번에 걸쳐 전면 부인합니다(요 18장).

우리 역시 베드로만큼이나 호언장담에 능합니다. 또 솔직히 말해 우리도 베드로처럼 호언장담한 것이 무색할 정도로 금세 무너지는 일이 많습니다. 예수님과의 관계에 대한 베드로의 전면 부인(요 18장)은 우리의 호언장담이(심지어 신앙적 호언장담마저도) 실제로 얼마나 공허할 수 있는지를 잘 예시해 줍니다. 또한 우리 자신의 공허했던 호언장담들과 뼈아픈 공명을 일으킵니다.

베드로가 "주를 위하여 내 목숨을 버리겠나이다"라고 말합니다만, 실은 그가 주님을 위해 목숨을 버리는 것이 아니라 주님께서 그를 위해 목숨을 버리는 것입니다. 주님은 이미 다음과 같이 말씀하셨습니다. "나는 선한 목자라 선한 목자는 양들을 위하여 목숨을 버리거니와"(요 10:11).

우리에게 여전히 소망이 있는 이유는 우리가 신뢰할 만한 존재이기 때문이 아닙니다. 베드로의 실패, 그리고 우리들의 실패는 우리가 얼마나 믿지 못할 존재인지를 여실히 보여줍니다. 우리에게 아직 소망이 있는 이유는, 우리가 아직 죄

저자 해설 및 묵상

인이었을 때에 우리를 위하여 대신 죽으시고 부활하신 예수님이 계시기 때문입니다(롬 5:8). 바울이 고백했던 대로, '나를 사랑하사 나를 위하여 자기 자신을 버리신 하나님의 아들' 때문에 우리에겐 아직 희망이 있습니다.

주 예수님으로 인해 실패를 딛고 일어설 용기와 새 힘을 얻는 오늘 하루가 되기를 소망합니다. 공허했던 우리의 호언장담, 그리고 실패로 인한 수치와 좌절마저도 주 예수 그리스도의 사랑을 힘입어 딛고 일어서는 이번 40일 묵상 여정이 되시기 바랍니다.

묵상과 적용을 위한 질문

신앙적인 호언장담을 했지만, 실패로 끝난 경우를 솔직히 적어보세요. 그 일을 통해서 무엇을 배웠나요?

_____
_____
_____

 **나만의 묵상 메모**

_____
_____
_____

 **저자와 함께 하는 한줄 기도**

주 위해 다 버리겠다고 말하기에 앞서, 먼저 날 위해 모든 것 버린 주의 사랑을 기억케 하소서.

기도와 결단

- 오늘 묵상한 말씀의 적용과 삶의 결단을 담아 자신의 기도를 적어보세요.

_____
_____

DAY 7

더 깊은 묵상과 기도(I)

오늘의 본문 요한복음 13장 전체

오늘은 지난 6일(Day 1 - Day 6)간 묵상했던 본문을 다시 한 번 더 깊이 묵상하며, 기도의 자리로 나아가는 날입니다. 먼저 요한복음 13장을 2회 이상 천천히 기도하는 마음으로 읽으시고 그 가운데 주님의 인도하심을 따라 더 깊이 있는 말씀 묵상과, 기도의 자리로 나아가시기 바랍니다. 다음의 질문들이 묵상과 기도에 도움이 되실 것입니다.

- 오늘 말씀 묵상을 통해 지난 6일간 묵상했던 내용 중 특별히 더 주목되는 부분은 무엇입니까? 지난 6일간 새롭게 깨닫게 된 부분은 무엇입니까?

- 지난 6일간 깨달은 내용 중 그간 실천한 것은 무엇입니까? 실천하는 과정에서 무엇을 새롭게 경험했습니까?

• 실천하는 과정에서 어려웠던 것은 또 무엇입니까? 지난 6일간 깨달은 내용 중 제대로 실천하지 못했거나 잊어버렸던 것은 무엇입니까?

_____

_____

_____

• 지난 6일간 깨달은 것과 실천할 수 있었던 것에 대하 주님께 감사의 기도와 찬양을 드리시기 바랍니다. 아직 실천하지 않고 있거나 실천하면서 어려움이 있는 것들에 대해 주님께서 힘을 주셔서 실천할 수 있게 해 달라고 간구하세요.

_____

_____

_____

• 그 외의 묵상 내용과 기도에 대해서 자유롭게 적어보세요.

더 깊은 묵상	더 깊은 기도

더 깊은 이해를 위한 추가해설
Days 1-7(1주차)

1. 유월절(Passover)에 대해서는 출 12:1-14, 21-28을 보라. 무교절에 대해서는 출 12:15-20을 보라. '유월절'은 히브리어로는 '페사흐'로 '건너뛰다, 뛰어넘다'라는 뜻을 가진 동사 '파사흐'에서 유래했다(출 12:13, 23). 하나님께서 이스라엘을 출애굽 시키는 과정에서 애굽에 내린 마지막 재앙은 사람부터 짐승까지 처음 난 것을 치신 장자 심판의 재앙이다(출 12:29-30, 13:15). 이때 하나님은 이스라엘 백성에게 어린 양을 잡아 그 피를 문설주와 인방에 바르게 하심으로써, 죽음의 사자가 이스라엘 백성의 집을 넘어가게(pass over) 하셨다. 유월절은 모든 이스라엘 백성이 죽음에서 구원받은 것과 하나님이 그들을 이집트의 종살이에서 구속하신 것을 기념하여 지키는 절기(출 12:13-14, 21-23, 27)로 유대인 달력의 첫 달인 니산(Nisan)월의 14일째 되는 날 저녁에 지켰다. 무교절은 유월절이 끝난 직후 7일간 지키는 절기로(출 12:18, 레 23:5-8), 이 기간에는 집안에 누룩을 없애고, 누룩을 넣지 않은 떡(무교병)을 먹으며 지냈는데, 이는 이스라엘 백성들로 하여금 출애굽 때의 상황을 실제로 경험해보게 하기 위함이다. 이 둘은 크게 하나의 절기로 이해되었다(눅 22:1, 7; 고전 5:6-8 참조). 1세기 당시 순례자들은 예루살렘으로 와서 이 두 절기를 연하여 지키고 집으로 돌아갔다.

2. 공관복음(마 26:26-30//막 14:22-26//눅 22:15-20 [고전 11:23-25 참조])에 따르면 '마지막 만찬'은 유월절 식사다. 한편, 요 13:1-4(18:28 참조)에 따르면, 예수님이 십자가를 지시기 전 제자들과 함께한 마지막 식사는 유월절 전날의 식사다. 이 이슈에 관해서는 공관복음서들과 요한복음의 저자들이 언급하지 않은 구체적 세부사항들이 있으므로 우리의 이해에 분명한 한계가 있음을 겸허히 인정할 필요가 있다. 공관복음과 요한복음 간의 이런 차이는 아마도 1세기 당시 다양한 유대교 그룹들이 서로 다른 달력(calendar)을 사용하고 있었음을 반영하는 듯싶다. 한 가지 추측할 필요가 없는 확실한 사실은 이것이다. 저자 요한은 예수님의 죽음과 유월절을 연결해 이해하고 있다!

3. 여기서 '끝까지'로 번역된 부분은 헬라어로 '에이스 텔로스'(εἰς τέλος)인데 '극도로' 혹은 '전적으로'로도 번역이 가능한 표현이다. 물론 그리스도께서 끝까지 혹은 극도로/전적으로 제자들을(그리고 우리를) 사랑하신 것은 그의 십자가상의 죽음을 통해 결정적으로 드러난다.

4. 저자 요한은 예수님이 상황을 파악 또는 통제하지 못해 안타깝게 희생된 것으로 묘사하지 않았다. 그의 복음서 전체에 걸쳐 요한은 예수님을 모든 권세를 갖고 있는 분과 역사의 주관자로 묘사한다(요 10:18; 17:2 참조).

5. '주의 만찬' 제정에 대한 보도(마 26:26-29//막 14:22-25//눅 22:14-20[고전 11:23-26])가 요한

더 깊은 이해를 위한 추가해설

Days 1-7(1주차)

복음에는 포함되어 있지 않다. 하지만 동일한 신학적 함의를 담고 있는 의미심장한 구절이 요 6:22-59에서 발견된다.

6 요한복음 기사 중, 예수님이 공중 앞에 처음으로 등장하는 대목에서 침례 요한이 예수님에 대해 했던 선언에 주목할 필요가 있다 - "보라 세상 죄를 지고 가는 하나님의 어린 양이로다"(요 1:29). 이어지는 요한복음의 모든 내용은 이 선언에 비추어 이해해야 한다고 말해도 부족하지 않다.

7 여기서 '본'이란 헬라어 단어(ὑπόδειγμα)는 '본보기'라는 뜻을 지니지만 다른 문맥에서는 '복사'(copy)라는 의미도 가질 수 있다. 주님이 제시하신 본은 우리가 복사(copy)해야 할 유일한 원본이다.

8 이 구문은 헬라어 문법상 가능한 가장 강력한 부정/금지의 의미를 담고 있는 데다가 '영원토록'이라는 전치사구(prepositional phrase)까지 포함한다. 이 구문을 직역하면 다음과 같다. "베드로가 이르되 '내 발을 영원토록 결코 씻지 못하시리이다!'"

9 요 13:1, 34-35; 15:12-13, 17 참조.

10 시 41:9의 인용이다. 시 41편은 '의로운 고난'(righteous suffering)에 대해 묘사하는 시편이다. '발꿈치를 들었다'를 들었다는 표현은 멸시 혹은 경멸을 표현한다. 1세기 유대교에서 식탁 교제는 친밀함의 상징이었다. 그런 맥락에서 스승과 같이 식사한 뒤 그를 배신한다는 것은 용납될 수 없는 부도덕한 행동이요, 수치스러운 행위였다.

11 여기서 '응하게'로 번역된 부분은 '성취되게'라는 뜻이다. 여기에서 '성취'는 모형론적(typological) 성격을 지닌다. 그리스도의 모형(type)인 다윗(삼하 7:12-16; 시 2 참조)이 경험했던 일을 구원사의 중심이요 절정이요 완성이신 예수 그리스도께서 경험하신다.

12 여기서 "내가 그"로 번역된 부분은 헬라어로는 ἐγώ εἰμι(에고 에이미)이다. 요한복음에서 ἐγώ εἰμι(에고 에이미)는 '신적 함의'(divine significance)를 담고 있는 표현이다(예: 요 8:58). 이사야서 70인역에서는 이 표현이 이스라엘의 하나님에 대해 사용된 반면, 요한복음에서는 예수님께 사용된다. 요한복음에서 ἐγώ εἰμι(에고 에이미)는 예수의 신적 정체성을 드러내는 표현이요, 동시에 예수의 명확한 자기 인식을 드러내는 표현이다.

13 구약의 선지자들이 사용했던 "여호와께서 이르시되"라는 대언형식과 완전히 동일한 것은 아니지만 어느 정도 유사한 표현이 신약에서 일부 사용된다. 바로 성령이 이르시는 말씀을 언급하는 경우다. 예를 들어, 행 21:11; 딤전 4:1; 계 2:7; 14:13을 보라. 하지만, 신약성경이 성령을 '예수 그

더 깊은 이해를 위한 추가해설
Days 1-7(1주차)

리스도의 영'으로 이해하고 있음을 고려할 때, 이 본문들에서 성령이 하시는 말씀은 그리스도께서 하시는 말씀과 의미 있는 방식으로 서로 중첩되며, 결국 예수 그리스도의 신적 정체성과 권위를 강조해 주는 역할을 한다.

14 Day 3의 <저자 해설 묵상> 대부분은 필자의 저서인 『네가 나를 사랑하느냐』(2017)의 Chapter 15 내용 일부를 간추린 것이다. 요단출판사의 허가 하에 사용했다.

15 요 1:18에서 '품속'은 성부와 성자 간의 관계, 특별히 존재 가능한 최고로 친밀한 관계(closet possible relationship)를 말해준다. "본래 하나님을 본 사람이 없으되 아버지 품 속에 있는 독생하신 하나님이 나타내셨느니라"(요 1:18). 성자께서 성부의 품속에 계셨다. 요 1:18과 13:23을 연결해서 읽을 때 다음과 같은 이해가 가능하다. 하나님 아버지께서 사랑하시는 그의 독생자께서 성부의 품에 계시다가(요 1:18), 친히 사람이 되셔서 제자들에게, 그리고 이 세상에 하나님이 누구신지를 온전히 드러내셨다. 요한복음 저자인 '주께서 사랑하시는 제자'(아마도 사도 요한)는 하나님 아들이신 그리스도의 품속에 친밀하게 안겨 있던 제자(요 13:23)로, 신약의 4번째 복음서를 통해서 예수님이 누구신지 그리고 예수님이 온전하게 계시하는 하나님이 누구신지를 그의 독자들에게 생생하게 들려준다. '예수께서 사랑하시는 제자'처럼 우리 역시 예수님 품에 안겨 있어야 한다. 성경 말씀을 통해 예수님의 심장 박동 소리를 듣고, 기도를 통해 예수님과 친밀한 사귐을 가져야 한다. 그리고서 그 제자처럼 예수님이 누구신지 그리고 예수님이 계시하는 하나님이 누구신지를 세상에 알려야 한다.

16 '예수의 사랑하시는 그 제자'라는 표현은 문법적으로 볼 때 특정한 인물을 구체적으로 지칭하는 표현이다. 요한복음의 최초 독자들은 이 제자가 누구인지 바로 인식했을 것이다. 한편, 저자(아마도 사도 요한)가 자신의 이름을 명시하지 않고 '예수의 사랑하시는 그 제자'로 스스로를 묘사한 데는 나름의 의의가 있다. 저자는 그의 독자들이 '예수의 사랑하시는 그 제자'와 자신들을 동일시하여, 독자들 각각이 '예수님의 사랑 받는 제자'라는 사실을 붙잡도록 격려한다.

아울러 '예수의 사랑하시는 제자'라는 표현이 요한복음에서 처음 등장하는 대목이 바로 오늘 묵상하는 요 13:23라는 점에 주목할 필요가 있다. 요한복음 13장은 요한복음 내에서 예수님의 고난과 죽음에 대해 직접적으로 초점을 맞추기 시작하는 부분이다. 그렇게 볼 때, 요한이 말하는 예수님의 사랑, 고난/죽음은 서로 유기적으로 맞물려 있다. 우리는 예수님의 사랑에 대해 이야기 할 때 반드시 십자가 상에서 그가 우리 대신 당한 죽음을 기억해야 한다(요 1:29; 3:14-16; 요일 4:10; 갈 2:20 [롬 5:8 참조]).

17 요 6:70-71; 12:4을 함께 참조하라.

18 여기 "의심하더라"로 번역된 헬라어 동사(아포레오, ἀπορέω)는 '어떻게 해야 할지 모르다', '당황하다' 정

더 깊은 이해를 위한 추가해설
Days 1-7(1주차)

도의 의미를 갖고 있다.

19 제자들 중 일부가 이렇게 생각했다는 것은 예수님께서 가난한 이들을 위한 연보를 정기적으로 행하셨음을 암시한다(막 10:21["가난한 자들에게 주라"] 참조).

20 이는 물론 특정 시간에 대한 저자 요한의 보도이지만, 요한이 그때가 밤이었음에 특별히 주목한 것은 그가 이 특정 시간이 갖는 상징성에 초점을 두었다는 뜻도 있을 것이다. 요한복음에서 '밤'이라는 시간은 영적 어두움의 시간이다. 저자 요한은 '밤'이란 시간대에 주목함으로써 가룟 유다가 흑암의 권세에 의해 영향을 받고 있음을 상징적으로 표현한다. 이는 앞선 27절의 내용("사탄이 그[유다] 속에 들어간지라")과 맥을 같이 한다. 13:2을 함께 참고하라. 저자 요한이 '밤'이란 시간대를 상징적 방식으로 언급한 다른 예는 요 3:2; 9:4; 11:10을 보라.

21 유다의 후회 및 그의 최후에 대한 기록은 마 27:3-10 및 행 1:13-19를 보라.

22 '인자'는 단 7:13-14에 기반한 예수님의 자기 호칭으로, 그리스도의 신적 권위, 그의 고난과 죽음, 그의 종말론적 영광을 포괄하는 중요한 기독론적 호칭이다. 이 호칭은 주로 사복음서에 등장한다.

23 요한복음에서 '유대인(들)'이란 단어는 주로 예수가 메시아이심을 거부하고, 그를 배척하는 유대 관원들에 대해 사용되는 부정적 표현이다(예: 요 7:13). 그에 반해 메시아 계수를 받아들인 나다나엘은('유대인'이 아니라) '참 이스라엘'로 지칭된다(요 1:47: "예수께서 나다나엘이 자기에게 오는 것을 보시고 그를 가리켜 이르되 보라 이는 참으로 이스라엘 사람이라 그 속에 간사한 것이 없도다").

24 요 13:31-32이 포함하는 중의법(double meaning)에 주목하라. 31-32절이 '영광'의 언어를 거듭 사용하지만 여기서 인자(예수님의 자기 호칭)가 영광 받으시는 일은 그의 십자가 죽음을 가리킨다. 주님이 주신 서로 사랑의 계명(34절)은 주님의 십자가 대속(31-32절)과 결코 분리해서 생각할 수 없다.

25 실제로 베드로는 곧 주님을 세 번 부인할 것이지만(요 18장), 후에는 주님 가신 길을 좇아간다. 잘 알려진 교회의 전승에 따르면 베드로는 네로 황제 치하에 십자가에 거꾸로 매달려 순교했다. 베드로의 십자가 상 순교에 대한 신약성경 내의 강력한 암시는 요 21:18-19을 보라.

8 DAY

'직통계시'

오늘의 본문 요 14:1-14

1 너희는 마음에 근심하지 말라 하나님을 믿으니 또 나를 믿으라
2 내 아버지 집에 거할 곳이 많도다 그렇지 않으면 너희에게 일렀으리라 내가 너희를 위하여 거처를 예비하러 가노니
3 가서 너희를 위하여 거처를 예비하면 내가 다시 와서 너희를 내게로 영접하여 나 있는 곳에 너희도 있게 하리라
4 내가 어디로 가는지 그 길을 너희가 아느니라
5 도마가 이르되 주여 주께서 어디로 가시는지 우리가 알지 못하거늘 그 길을 어찌 알겠사옵나이까
6 예수께서 이르시되 내가 곧 길이요 진리요 생명이니 나로 말미암지 않고는 아버지께로 올 자가 없느니라
7 너희가 나를 알았더라면 내 아버지도 알았으리로다 이제부터는 너희가 그를 알았고 또 보았느니라
8 빌립이 이르되 주여 아버지를 우리에게 보여 주옵소서 그리하면 족하겠나이다
9 예수께서 이르시되 빌립아 내가 이렇게 오래 너희와 함께 있으되 네가 나를 알지 못하느냐 나를 본 자는 아버지를 보았거늘 어찌하여 아버지를 보이라 하느냐
10 내가 아버지 안에 거하고 아버지는 내 안에 계신 것을 네가 믿지 아니하느냐 내가 너희에게 이르는 말은 스스로 하는 것이 아니라 아버지께서 내 안에 계셔서 그의 일을 하시는 것이라
11 내가 아버지 안에 거하고 아버지께서 내 안에 계심을 믿으라 그렇지 못하겠거든 행하는 그 일로 말미암아 나를 믿으라
12 내가 진실로 진실로 너희에게 이르노니 나를 믿는 자는 내가 하는 일을 그도 할 것이요 또한 그보다 큰 일도 하리니 이는 내가 아버지께로 감이라
13 너희가 내 이름으로 무엇을 구하든지 내가 행하리니 이는 아버지로 하여금 아들로 말미암아 영광을 받으시게 하려 함이라
14 내 이름으로 무엇이든지 내게 구하면 내가 행하리라

저자 해설 및 묵상

요한복음 프롤로그(요 1:1-18)의 마지막 절(verse)에서 저자 요한은 "본래 하나님을 본 사람이 없으되 아버지 품 속에 있는 독생하신 하나님이 나타내셨느니라"(요 1:18)라고 선언합니다. 이 선언을 통해 요한은 예수 그리스도께서 하나님을 온전하고 최종적인 형태로 계시하셨음을 강조합니다. 오늘 본문에 기록된 제자들과의 대화에서 예수님은 "나를 본 자는 아버지를 보았거늘"(요 14:9)이란 선명한 선언을 통해 동일한 강조점을 전달합니다.[2]

지금 와서 보니 꽤 우스운 표현이긴 한데, 비록 요즘은 듣지 못하지만 전에 적잖은 수의 교인들이 '직통계시'라는 말을 쓰곤 했습니다. 기도를 많이 하시는 목사님, 기도원장님, 권사님, 집사님이 "직통계시를 받으신다더라"라는 말이 있었습니다. 그래서 그런 분들께 가서 특별기도를 받기도 했습니다.

그런데 사도 요한은 예수 그리스도 안에서 하나님에 대한 '직통계시'가 이뤄졌음을 말합니다. 모세조차도 하나님의 영광 일부만 볼 수 있었습니다(출 33:20).[3] 그렇기에 (예수 그리스도의 오심에 앞서) 하나님을 본 자가 없다고 사도 요한은 주저 없이 단언합니다(요 1:18). 그러나 예수 그리스도를 통해 하나님이 직접 계시 되었습니다! 예수 그리스도를 본 자는 하나님을 보았습니다(요 14:9[요 1:14-18 참조]). 하나님 아버지와 하나이신 그의 유일한 아드님(요 1:1, 18[4]; 10:30; 14:10)만이 아버지를 직접적으로, 최종적으로 그리고 온전하게 계시합니다.

복음서와 신약의 편지들 그리고 요한계시록에 기록된 예수 그리스도에 대한 증언은 결국 하나님에 대한 증언입니다. 복음서에 기록된 예수님의 말씀은 하나

> 저자 해설
> 및 묵상

님의 말씀입니다. 복음서에 기록된 예수님의 행동은 하나님의 행동입니다. 하나님에 대해서 더 알고 싶다면 예수 그리스도께 집중해야 합니다.[5]

인간의 철학적 사변, 감정과 체험, 또는 자가적 의지와 결단을 통해 만들어진 신은 하나님이 아닙니다. 오직 예수 그리스도를 통해 인격적으로 계시된 신만이 참 하나님입니다. 예수 그리스도는 하나님 아버지에 대한 궁극적, 최종적이고 온전한 계시를 주십니다. 우리가 알아야 하는 유일하신 참 하나님은 예수 그리스도를 통해 계시된 하나님입니다(요 14:6, 9 [참조 17:3]). 벌레가 사람을 온전히 계시할 수 없듯 하나님이 아닌 존재는 하나님을 온전히 계시할 수 없습니다. 오직 하나님(성자)만이 하나님(성부)을 온전히 계시할 수 있습니다.[6]

하나님이 어떤 분이신지 더 깊이 알기 원한다면, 우리는 예수 그리스도께 더 주목해야만 합니다. 바로 예수님이 하나님의 '직통계시'입니다. 그리스도께서 하나님을 온전하고, 궁극적이고, 최종적으로 계시하셨습니다(유 1:3 참조). 밀도 있는 말씀묵상과 친밀한 사귐의 기도를 통해 예수 그리스도께 주목함으로써 하나님을 더 깊이 알아가는 이번 40일 여정이 되기를 간구합니다.

예수 그리스도는 하나님에 대한 90% 계시가 아닙니다. 99% 계시도, 99.99% 계시도 아닙니다. 주 예수님은 하나님에 대한 완전한 계시입니다!(히 1:3) 그렇기에 아들을 본 자는 아버지를 본 것입니다. "예수께서 이르시되 빌립아 내가 이렇게 오래 너희와 함께 있으되 네가 나를 알지 못하느냐 나를 본 자는 아버지를 보았거늘 어찌하여 아버지를 보이라 하느냐"(요 14:9).

묵상과 적용을 위한 질문

예수 그리스도께서 하나님이 어떤 분이신지를 온전히 계시해 주셨음을 정말 믿습니까? 그렇다면 당신은 예수님을 더 친밀하게 그리고 깊이 알기 위해서 어떤 구체적 행동을 취하고 있으신가요?

___

___

___

 **나만의 묵상 메모**

___

___

___

 **저자와 함께 하는 한줄 기도**

하나님을 온전히 계시해 주시는 예수 그리스도를 아는 일에 힘쓰게 하소서

기도와 결단

- 오늘 묵상한 말씀의 적용과 삶의 결단을 담아 자신의 기도를 적어보세요.

___

___

9 DAY

사랑, 순종, 성령

오늘의 본문 요 14:15-26

15 너희가 나를 사랑하면 나의 계명을 지키리라
16 내가 아버지께 구하겠으니 그가 또 다른 보혜사[7]를 너희에게 주사 영원토록 너희와 함께 있게 하리니
17 그는 진리의 영이라 세상은 능히 그를 받지 못하나니 이는 그를 보지도 못하고 알지도 못함이라 그러나 너희는 그를 아나니 그는 너희와 함께 거하심이요 또 너희 속에 계시겠음이라
18 내가 너희를 고아와 같이 버려두지 아니하고 너희에게로 오리라
19 조금 있으면 세상은 다시 나를 보지 못할 것이로되 너희는 나를 보리니 이는 내가 살아 있고 너희도 살아 있겠음이라
20 그 날에는 내가 아버지 안에, 너희가 내 안에, 내가 너희 안에 있는 것을 너희가 알리라[8]
21 나의 계명을 지키는 자라야 나를 사랑하는 자니 나를 사랑하는 자는 내 아버지께 사랑을 받을 것이요 나도 그를 사랑하여 그에게 나를 나타내리라
22 가룟인 아닌 유다가 이르되 주여 어찌하여 자기를 우리에게는 나타내시고 세상에는 아니하려 하시나이까
23 예수께서 대답하여 이르시되 사람이 나를 사랑하면 내 말을 지키리니 내 아버지께서 그를 사랑하실 것이요 우리가 그에게 가서 거처를 그와 함께 하리라
24 나를 사랑하지 아니하는 자는 내 말을 지키지 아니하나니 너희가 듣는 말은 내 말이 아니요 나를 보내신 아버지의 말씀이니라
25 내가 아직 너희와 함께 있어서 이 말을 너희에게 하였거니와
26 보혜사 곧 아버지께서 내 이름으로 보내실 성령[9] 그가 너희에게 모든 것을 가르치고 내가 너희에게 말한 모든 것을 생각나게 하리라

저자 해설 및 묵상

우리는 '사랑'이란 단어를 자주 듣고 또 쉽게 사용합니다. 그러나 개개인이 그 단어를 어떻게 이해하고, 실제로 어떻게 사용하고 있는지는 사람마다 천차만별입니다. 그러다 보니 "예수님을 사랑한다"라는 의미심장한 고백 역시 다양한 의미를 갖는 것을 봅니다.

오늘 본문에 따르면 예수님에 대한 사랑은 그저 감정이나 센세이션에 그치지 않습니다. 예수님을 향한 참된 사랑은 예수님의 말씀(계명)에 대한 순종의 행위로 이어집니다. 요한복음 14:21-23을 다시 한 번 주목해 보겠습니다.

> "나의 계명을 지키는 자라야 나를 사랑하는 자니 나를 사랑하는 자는 내 아버지께 사랑을 받을 것이요 나도 그를 사랑하여 그에게 나를 나타내리라 예수께서 대답하여 이르시되 사람이 나를 사랑하면 내 말을 지키리니 내 아버지께서 그를 사랑하실 것이요 우리가 그에게 가서 거처를 그와 함께 하리라 나를 사랑하지 아니하는 자는 내 말을 지키지 아니하나니 너희가 듣는 말은 내 말이 아니요 나를 보내신 아버지의 말씀이니라"(요 14:21-23).

방금 읽은 21-23절 내용이 강조하듯, 예수님을 사랑하는 것과 그의 말씀에 대한 순종은 떼려야 뗄 수 없는 관계로 밀착되어 있습니다! 주님에 대한 사랑은 주의 말씀에 대한 순종으로 나아갈 수밖에 없게 만드는 필연적 동력을 갖고 있습니다!

저자 해설 및 묵상

　전혀 주님을 사랑하지 않으면서 억지로 순종하는 것처럼 보이려고 애쓰면 결국 율법주의에 빠집니다. 하지만 주님을 진정 사랑한다면서 주님께 순종하지 않는다는 것은 어불성설입니다. 저는 완벽주의를 말하는 것이 아닙니다. 예수님 외에 그 누구도 하나님께 완벽히 순종할 수 없습니다. 하지만 나 자신이 삶의 우선순위를 하나님께 순종하는 것에 두는지, 아닌지는 매우 중요한 문제입니다. 그것이 지금 우리가 어떤 상태에 머물러 있는지를 그대로 드러내 주기 때문입니다.

　아울러, 오늘 본문(요 14:15-26)이 보혜사(성령)에 관한 말씀임을 기억해야 합니다. 성령께서는 우리가 주의 말씀에 순종할 수 있는 결단력과 그 결단을 실천할 힘을 주십니다. 성령은 우리가 주의 명령에 순종하며, 신실하게 주를 따를 수 있도록 도와주십니다(겔 36:27 참조). 성령의 사역을 윤리와 대립시켜 성령을 힘입으면 순종의 결단이 필요하지 않은 것처럼 말하는 이들이 더러 있는데, 이는 신약성경의 가르침(예를 들어, 롬 12-15장과 엡 4-6장에 등장하는 명령문들을 보십시오)과는 전혀 상관없는 엉뚱한 견해입니다.

　우리가 성령의 충만함을 입어 주님 말씀에 더 신실하게 순종할 수 있기를 간구합니다. 주님에 대한 우리의 사랑이 자라고, 깊어져서 주님을 향한 우리의 순종 역시(비록 완벽에선 거리가 멀겠지만) 계속 자라고, 깊어지길 간구합니다.

묵상과 적용을 위한 질문

예수님에 대한 사랑이 주께 순종하는 것과 상응한다는 오늘 본문의 말씀(요 14:21-23)이 당신에게 어떻게 다가옵니까? 신앙생활에서 말씀에 순종하는 것이 왜 중요합니까? 우리가 율법주의에 빠지지 않는 방법은 무엇이 있을까요?

_____
_____
_____

 **나만의 묵상 메모**

_____
_____
_____

 **저자와 함께 하는 한줄 기도**

예수님에 대한 사랑이 깊어져 주님에 대한 순종이 자라고, 깊어지게 하소서.

기도와 결단

- 오늘 묵상한 말씀의 적용과 삶의 결단을 담아 자신의 기도를 적어보세요.

_____
_____

10 DAY 예수님만 주실 수 있는 평안

> **오늘의 본문 요 14:27-31**

27 평안을 너희에게 끼치노니 곧 나의 평안을 너희에게 주노라 내가 너희에게 주는 것은 세상이 주는 것과 같지 아니하니라 너희는 마음에 근심하지도 말고 두려워하지도 말라

28 내가 갔다가 너희에게로 온다 하는 말을 너희가 들었나니 나를 사랑하였더라면 내가 아버지께로 감을 기뻐하였으리라 아버지는 나보다 크심이라[10]

29 이제 일이 일어나기 전에 너희에게 말한 것은 일이 일어날 때에 너희로 믿게 하려 함이라

30 이후에는 내가 너희와 말을 많이 하지 아니하리니 이 세상의 임금[11]이 오겠음이라 그러나 그는 내게 관계할 것이 없으니[12]

31 오직 내가 아버지를 사랑하는 것과 아버지께서 명하신 대로 행하는 것을 세상이 알게 하려 함이로라 일어나라 여기를 떠나자 하시니라

저자 해설 및 묵상

그리스도인들은 종종 "주님께만 평안함이 있다"라고 고백합니다. 옳은 말이지만, 그 의미를 좀 더 명확하게 할 필요가 있습니다. 왜냐하면 예수님만 '평안과 평화'를 약속한 것은 아니기 때문입니다. 예수님 당시 세계의 최강국이었던 로마제국은 팍스 로마나(Pax Romana ['로마의 평화']), 즉 잔인한 무력에 의한 평화를 외쳤습니다. 막강한 군사력을 앞세우는 로마의 압제 하에 1세기 유대인들 중 다수는 로마의 군사력을 제압할 더 강력한 무력을 지닌 메시아가 자신들에게 평화를 가져다 줄 것을 기대했습니다.

그러나 예수님은 그런 종류의 메시아가 아닙니다. 예수님은 자신의 희생적 죽음을 통해 평화를 가져오는 메시아입니다. "그의 십자가의 피로 화평을 이루사 만물 곧 땅에 있는 것들이나 하늘에 있는 것들이 그로 말미암아 자기와 화목하게 되기를 기뻐하심이라"(골 1:20; 엡 2:14 이하 참조).

우리 시대에도 '평안' 혹은 '평화'를 약속하는 다양한 주장들이 존재합니다. 돈이 많으면 평안해질 것이라는 말이 거짓임을 알견서도 사람들은 그런 주장에 쉽게 속습니다. 권력을 획득하고, 인기가 상승하고, 자신의 욕구를 거의 제약 없이 표출할 수 있는 '자유로운' 환경에 놓인다면 평화로울 것이라는 주장들이 매우 의심스러운 것임을 잘 알면서도 인간들은 그런 주장들에 쉽게 자신의 인생을 내맡기곤 합니다.

평화를 담보해 주겠다는 주장 자체는 사실 그리 새로운 것이 아닙니다(27절 참조). 그러나 오늘 본문은 평화를 제공하고 약속하는 분이 누구인가가 중요하다고 말합니다. 오늘 본문(27절)은 예수님이 주시는 평안에 대해 말합니다. 이 평

저자 해설 및 묵상

안은 세상이 약속했던 다른 종류의 평안들과는 차원이 다릅니다. 왜냐면 그 평화를 약속하고, 담보하고, 이행하는 분이 바로 주 예수 그리스도시기 때문입니다! "평안[13]을 너희에게 끼치노니 곧 나의 평안을 너희에게 주노라 내가 너희에게 주는 것은 세상이 주는 것과 같지 아니하니라 너희는 마음에 근심하지도 말고 두려워하지도 말라"(요 14:27). 바로 이 구절에 의거하여 우리는 예수님께만 참된 평안이 있다고 담대히 고백합니다.

필자가 이 문단을 쓰고 있는 시점의 국내 및 국내정세는 평안과는 거리가 멀어 보입니다. 그러나 국내외의 상황이 비교적 안정적이라고 우리 내면이 평안하기만 한 것은 아니었습니다. 우리 내면과 삶의 상황이 복잡하고, 국내외 정세가 흔들리고, 위기감을 극도로 고조시키고 있습니까? 그럼에도 불구하고 그 가운데서 우리가 예수님이 베푸시는 평화의 통치를 받아들인다면 근심과 두려움을 이길 수 있습니다. 세상의 관점에서 보면 당연히 근심하고 두려워해야 할 상황 가운데서도 평화를 누릴 수 있습니다. 예수님의 평화는 우리 삶 가운데 모든 괴로움과 고통과 불편함을 즉시 제거해 주지 않습니다. 그러나 예수님의 평화는 괴로움과 고통과 불편함의 한복판에서도 여전히 향유되는 실체입니다!(요 16:33 참조)

참 평안은 오직 예수 그리스도께 있습니다.[14] 오직 예수님의 평안만이 참된 평안입니다. 거짓된 반쪽짜리 평안의 약속이 아니라, 예수님만이 주시는 궁극적 평안을 구하는 40일간의 묵상 여정이 되시기 바랍니다(요 14:27).

묵상과 적용을 위한 질문

오늘 당신은 어떤 종류의 평안을 추구하고 있습니까? 당신은 누구/무엇으로부터 평안을 얻길 기대합니까? 당신은 진정 예수님이 주시는 평안을 구하고 있습니까?

___

___

___

 **나만의 묵상 메모**

___

___

 **저자와 함께 하는 한줄 기도**

거짓된 '평안'의 뿌리는 제거해 주시고 우리 삶이 예수님께 뿌리 내려 참된 평안 누리게 하소서.

기도와 결단

- 오늘 묵상한 말씀의 적용과 삶의 결단을 담아 자신의 기도를 적어보세요.

___

___

그리스도 안에 거하기

오늘의 본문 요 15:1-17

1 나는 참포도나무요 내 아버지는 농부라
2 무릇 내게 붙어 있어 열매를 맺지 아니하는 가지는 아버지께서 그것을 제거해 버리시고 무릇 열매를 맺는 가지는 더 열매를 맺게 하려 하여 그것을 깨끗하게 하시느니라[15]
3 너희는 내가 일러준 말로 이미 깨끗하여졌으니
4 내 안에 거하라 나도 너희 안에 거하리라 가지가 포도나무에 붙어 있지 아니하면 스스로 열매를 맺을 수 없음 같이 너희도 내 안에 있지 아니하면 그러하리라
5 나는 포도나무요 너희는 가지라 그가 내 안에, 내가 그 안에 거하면 사람이 열매를 많이 맺나니 나를 떠나서는 너희가 아무 것도 할 수 없음이라[16]
6 사람이 내 안에 거하지 아니하면 가지처럼 밖에 버려져 마르나니 사람들이 그것을 모아다가 불에 던져 사르느니라
7 너희가 내 안에 거하고 내 말이 너희 안에 거하면 무엇이든지 원하는 대로 구하라 그리하면 이루리라
8 너희가 열매를 많이 맺으면 내 아버지께서 영광을 받으실 것이요 너희는 내 제자가 되리라[17]
9 아버지께서 나를 사랑하신 것 같이 나도 너희를 사랑하였으니 나의 사랑 안에 거하라
10 내가 아버지의 계명을 지켜 그의 사랑 안에 거하는 것 같이 너희도 내 계명을 지키면 내 사랑 안에 거하리라
11 내가 이것을 너희에게 이름은 내 기쁨이 너희 안에 있어 너희 기쁨을 충만하게 하려 함이라
12 내 계명은 곧 내가 너희를 사랑한 것 같이 너희도 서로 사랑하라 하는 이것이니라
13 사람이 친구를 위하여 자기 목숨을 버리면 이보다 더 큰 사랑이 없나니
14 너희는 내가 명하는 대로 행하면 곧 나의 친구[18]라
15 이제부터는 너희를 종이라 하지 아니하리니 종은 주인이 하는 것을 알지 못함이라 너희를 친구라 하였노니 내가 내 아버지께 들은 것을 다 너희에게 알게 하였음이라
16 너희가 나를 택한 것이 아니요 내가 너희를 택하여 세웠나니 이는 너희로 가서 열매를 맺게 하고 또 너희 열매가 항상 있게 하여 내 이름으로 아버지께 무엇을 구하든지 다 받게 하려 함이라
17 내가 이것을 너희에게 명함은 너희로 서로 사랑[19]하게 하려 함이라

저자 해설 및 묵상

　예수님은 포도나무에서 떨어진 가지는 스스로 열매맺을 수 없다고 하셨습니다. 우리 역시 그리스도로부터 떨어져선 아무것도 할 수 없는 존재입니다(요 15:4-5).[20] 많은 일을 하는 듯 보여도, 결국 공허한 노력과 종교적 허식에 그칠 뿐입니다. 오직 그리스도와 연결되어 그분께 의존할 때에 우리 삶이 의미가 생깁니다. 나뭇가지가 포도나무로부터 자신을 단절시킨 후 자신에게 생명력이 넘친다고 뽐내는 모습을 상상해보십시오. 말 그대로 가관입니다. 하지만 한심하게도 우리 또한 나무로부터 분리된 나뭇가지처럼 스스로 열매를 생산해 보려고 애쓸 때가 얼마나 많은지요? 참된 열매, 진정한 생산성은 그리스도와의 인격적이고 지속적인 관계에 기반한다는 사실을 우리가 얼마나 자주 잊는지요? 우리는 주님 떠나서는 아무것도 할 수 없음(요 15:5)을 입으로는 곧잘 고백합니다. 하지만 속으로 그 사실을 인정하는 것에 얼마나 인색한지요? 우리 스스로 무언가 해 보려 얼마나 자주 애쓰는지요? 어렵고 급한 일은 종종 주님께 의존하지만, 그 외의 것은 적당히 우리 하고 싶은 대로 하려고 할 때가 얼마나 잦은지요?

　신앙생활은 기본적으로 주님 안에서 거하는 것, 즉 '관계'(relationship)입니다. '거한다'라는 말은 지속성을 암시합니다. 예수 그리스도와의 지속적, 인격적 관계 없이 열매맺는 신앙을 논하는 것은 있을 수 없는 일입니다. 그렇다면 '주님 안에 거한다'는 것은 구체적으로 무엇을 의미할까요? 한 마디로 주님 안에 거한다는 말은 주님 말씀이 우리 안에 내면화 되어(요 15:7), 그 말씀을 따른다는 뜻입니다(요 15:10[14절 참조]). 우리가 주님께 순종할 때 하나님나라/영원의 관점에서 의미 있는 열매를 맺을 수 있습니다. 주님과 진정한 관계를 맺은 인생은 열매

저자 해설 및 묵상

를 통해 그 진정한 관계를 표현하기 마련입니다.

제자들이 주님의 말씀에 순종하는 가장 중요한 방법은 바로 서로 사랑하는 것입니다(요 15:12, 17 [요 13:34-35 참조]). 주님께서 나를 사랑해 주신 것처럼 서로를 사랑해야 합니다. 주님께서 친히 십자가에 달려 사랑의 본을 보이셨습니다. 그러므로 우리도 모든 것을 다 잃을 때까지라도 인내하고, 희생하며, 서로를 아껴야 합니다. "내 계명은 곧 내가 너희를 사랑한 것 같이 너희도 서로 사랑하라 하는 이것이니라 사람이 친구를 위하여 자기 목숨을 버리면 이보다 더 큰 사랑이 없나니"(요 15:12-13 [17절[21] 참조]). 헌신적 서로 사랑을 제자들이 자가발전 시켜야 한다는 의미가 아닙니다. 주님의 사랑을 힘입고, 주님의 사랑에 근거하고, 주님에 사랑에 잠겨서 서로를 사랑하라는 뜻입니다.

주님 안에서 거한다는 것은 그의 말씀의 순종함을 의미합니다. 주의 말씀을 순종하는 핵심은 주님께서 친히 십자가에 달려 보여주신 것처럼(요 15:13 참조) 서로를 희생적, 헌신적으로 사랑하는 것입니다. 반면 '주님 안에서 거한다'고 말하면서 내 바로 옆에 있는 이들을 사랑하지 못 한다면 이는 분명 모순입니다. 주님과의 친밀한 사랑의 관계와 제자들 간의 서로 사랑은 서로 뗄 수 없는 유기적 관계를 갖고 있습니다(요일 4:20; 마 22:34-40 참조). 주 예수님의 십자가 사랑에 잠겨 그 사랑을 옆으로, 주변으로 유통하는 저와 여러분이 되길 간절히 바랍니다.

묵상과 적용을 위한 질문

"나를 떠나서는 너희가 아무것도 할 수 없음이라"(요 15:5)는 말씀이 오늘 당신에게 얼마나 절실한가요? 혹시 이 말씀이 단지 입술의 고백만으로 끝나고 있는 것은 아닌지요? 이 말씀이 진정 마음과 삶의 고백인지요?

_____
_____
_____

 나만의 묵상 메모

_____
_____
_____

 **저자와 함께 하는 한줄 기도**

주님 떠나서는 아무것도 할 수 없음이 이번 40일의 여정의 고백이요 평생의 고백되게 하소서.

기도와 결단

- 오늘 묵상한 말씀의 적용과 삶의 결단을 담아 자신의 기도를 적어보세요.

_____
_____

'백 퍼센트 응답받는 기도'

오늘의 본문 요 15:7

7 너희가 내 안에 거하고 내 말이 너희 안에 거하면 무엇이든지 원하는 대로 구하라 그리하면 이루리라

저자 해설 및 묵상

우리는 모두 기도의 응답을 갈망합니다. 우리 기도가 백 퍼센트 응답을 받는다면 얼마나 좋을까요? 어떤 사람의 기도가 늘 응답 된다면 그 사람은 아주 특별한 성도임에 틀림없을 것이라고 우리는 가정합니다. 그런데 어떻게 하면 우리 기도가 늘 응답받을 수 있을까요? 오늘 본문 요한복음 15:7은 그에 대한 답을 제공합니다!

"너희가 내 안에 거하고 내 말이 너희 안에 거하면 무엇이든지 원하는 대로 구하라 그리하면 이루리라"(요 15:7[15:16 참조]).

어떤 이들은 이 말씀의 뒷부분("무엇이든지 원하는 대로 구하라 그리하면 이루리라")에 주목하는 경향이 있습니다. 뒷부분만 보면 마치 우리가 원하는 대로 구하기만 하면 무조건 다 들어주신다는 이야기처럼 들립니다. 그러나 이 말씀의 앞부분을 간과해선 안 됩니다. "너희가 내 안에 거하고 내 말이 너희 안에 거하면."

우리가 주님 안에 거하고 주님 말씀이 우리 안에 거할 때, 우리의 원함은 주님의 원함과 일치되어 갑니다. 적어도 주님의 원함에 점차 근접하게 되지요. 그런 상태에서 원하는 대로 구하라는 말씀입니다. 그런 상태에서의 원함은 이기적이고, 자기중심적 갈망이 아닌 하나님나라 중심의 갈망입니다. 즉 성화된 갈망, 정화한 갈망입니다.

애초의 기대와는 다른 방향으로 간다고 느낄 수도 있겠습니다만, 우리의 기도

저자 해설 및 묵상

가 백 퍼센트 응답받는 비결은 우리의 원함과 갈망이 성화되는 것입니다. 우리의 원함이 주님의 원함을 닮아가고, 우리의 소원이 주님의 소원을 모방해가는 것입니다. 주님의 '친구'다워지는 거죠(요 15:14-17참조). 그럴 때 우리의 기도는 주님의 기도(참조 요 17장)를 닮아갑니다. 그리고 그런 기도는 늘 응답을 받습니다. 그런 뜻에서 요 15:7은 기도에 대한 말씀인 동시에 우리 존재의 변화에 관한 말씀입니다. "너희가 내 안에 거하고 내 말이 너희 안에 거하면 무엇이든지 원하는 대로 구하라 그리하면 이루리라"(요 15:7). 이것이 백퍼센트 응답받는 기도의 비결입니다.

묵상과 적용을 위한 질문

당신의 기도는 얼마만큼 주님의 거룩한 원함과 갈망을 좇아가고 있나요? 우리가 주님의 갈망을 좇아 우리의 갈망을 변혁하는 일이 중요한 이유는 무엇입니까?

___

___

___

 **나만의 묵상 메모**

___

___

___

 **저자와 함께 하는 한줄 기도**

예수님 제자인 저의 기도가 제 자신의 원함과 갈망이 아닌, 주님의 원함과 갈망을 좇게 하소서.

기도와 결단

- 오늘 묵상한 말씀의 적용과 삶의 결단을 담아 자신의 기도를 적어보세요.

___

___

13 DAY

미움 받기

오늘의 본문 요 15:18-16:4

15:18 세상²²이 너희를 미워하면 너희보다 먼저 나를 미워한 줄을 알라

19 너희가 세상에 속하였으면 세상이 자기의 것을 사랑할 것이나 너희는 세상에 속한 자가 아니요 도리어 내가 너희를 세상에서 택하였기 때문에 세상이 너희를 미워하느니라

20 내가 너희에게 종이 주인보다 더 크지 못하다 한 말을 기억하라 사람들이 나를 박해하였은즉 너희도 박해할 것이요 내 말을 지켰은즉 너희 말도 지킬 것이라

21 그러나 사람들이 내 이름으로 말미암아 이 모든 일을 너희에게 하리니 이는 나를 보내신 이를 알지 못함이라

22 내가 와서 그들에게 말하지 아니하였더라면 죄가 없었으려니와 지금은 그 죄를 핑계할 수 없느니라

23 나를 미워하는 자는 또 내 아버지를 미워하느니라

24 내가 아무도 못한 일을 그들 중에서 하지 아니하였더라면 그들에게 죄가 없었으려

25 그러나 이는 그들의 율법에 기록된 바 그들이 이유 없이 나를 미워하였다 한 말을 응하게 하려 함이라²³

26 내가 아버지께로부터 너희에게 보낼 보혜사 곧 아버지께로부터 나오시는 진리의 성령이 오실 때에 그가 나를 증언하실 것이요²⁴

27 너희도 처음부터 나와 함께 있었으므로 증언하느니라²⁵

16:1 내가 이것을 너희에게 이름은 너희로 실족하지 않게 하려 함이니

2 사람들이 너희를 출교할 뿐 아니라 때가 이르면 무릇 너희를 죽이는 자가 생각하기를 이것이 하나님을 섬기는 일이라 하리라

3 그들이 이런 일을 할 것은 아버지와 나를 알지 못함이라

4 오직 너희에게 이 말을 한 것은 너희로 그 때를 당하면 내가 너희에게 말한 이것을 기억나게 하려 함이요 처음부터 이 말을 하지 아니한 것은 내가 너희와 함께 있었음이라²⁶

저자 해설 및 묵상

예수의 제자를 자처하면서도 양식 없이 행동하여 눈살을 찌푸리게 하는 경우가 적잖이 있습니다. '센스' 없이 행동하는 정도가 아니라, 복음의 사역에 장애가 되고, 나아가 하나님과 사람 앞에 대놓고 죄를 범하고도 뻔뻔스레 잡아떼는 경우도 있습니다. 그런 일들은 우리 자신을 진지하게 돌아보고 성찰하게 합니다.

하지만 동시에 우리가 양식 있게 행동한다고 세상 가운데서 인기를 누리고, 사람들이 좋게 생각해 줄 것이라는 생각도 착각입니다. 주님은 이에 대해 분명하게 선을 그어 주십니다.

> "너희가 세상에 속하였으면 세상이 자기의 것을 사랑할 것이나 너희는 세상에 속한 자가 아니요 도리어 내가 너희를 세상에서 택하였기 때문에 세상이 너희를 미워하느니라"(요 15:19 [21절 참조]).

누가 우리를 싫어하고, 미워하는 것을 알면 마음이 쓰이는 것이 인지상정입니다. 그러나 잊지 말아야 할 것은, 그리스도인들이 세상으로부터 미움 받는 것은 필연적이란 사실입니다. 세상이 우리를 미워하는 이유는 우리가 세상 가운데 살고 있지만, 실은 이 세상이 아니라 주님께 속했기 때문입니다. 주님께서 우리를 이 세상으로부터 불러 주셨기에(요 15:19) 우리는 이 세상에 살고 있지만, 세상으로부터 구별된 나그네들입니다.

물론 우리의 잘못 때문에 미움을 받는다면 그것은 고난이 아닌 잘못에 대한 대가입니다(벧전 2:20상반절 참조). 그러나 우리가 따르는 주님으로 인해 세상에서 미움을 받는다면 그것은 영예로운 일이며, 사실 필연적인 일이기도 합니

저자 해설 및 묵상

다. 우리는 주님을 따르기에 때로 오해, 불편, 미움, 핍박을 경험합니다. 세상은 주님을 미워했고, 덩달아 그를 신실하게 따르는 이들을 미워합니다(딤후 3:12 참조). 어떤 곳에서는 그 미움의 표현이 매우 극단적이고 공격적인 형태로 나타납니다. 제자들은 그리스도를 위해 극한 고난과 목숨의 위협을 받는 상황에 직면합니다(요 16:1-4). 그리고 다른 곳에서는 주를 따를 때 여러 불편함과 손해를 감수해야 하는 상황에 놓이기도 합니다. 이렇듯 우리가 직면한 영적 전쟁이 그만큼 치열함(엡 6:10-20 참조)을 깨달아야 합니다. 또 언제든 그리스도를 위해 모든 것을 뒤로하고, 목숨마저 내려놓을 자세로 살 각오를 다져야 합니다. 사실 주님께서는 그런 자세가 모든 제자들에게 필수항목이라고 말씀하셨습니다. "무릇 내게 오는 자가 자기 부모와 처자와 형제와 자매와 더욱이 자기 목숨까지 미워하지 아니하면 능히 내 제자가 되지 못하고 누구든지 자기 십자가를 지고 나를 따르지 않는 자도 능히 내 제자가 되지 못하리라"(눅 14:26-27).

우리가 처한 다양한 상황과 그 가운데 직면하는 여러 도전에 상관없이, 제자된 우리가 해야 할 일은 성령을 힘입어 그리스도에 대한 증언을 이어가는 것입니다(요 15:26-27). 우리의 입술의 선포와, 삶을 통해 예수 그리스도께서 하나님의 아들이시요, 메시아이심을 선포해야 합니다(요 20:31; 17:23 참조). 우리가 예수님의 제자로서 겪게 되는 불편, 손해, 고난 때문에 자기 연민에 빠지지 맙시다. 오히려 그리스도를 우리의 입술과 삶으로 증언하는 데 더 집중하는 삶을 살아갑시다!

묵상과 적용을 위한 질문

예수님으로 인해 당신의 가장 최근에 겪은 불편, 손해, 고난은 무엇이었습니까? 당신은 그 상황을 어떤 마음과 태도로 마주했습니까?

_____
_____
_____

 나만의 묵상 메모

_____
_____
_____

 **저자와 함께 하는 한줄 기도**

예수님을 따름으로 인해 오는 불편, 손해, 고난을 담담히 그리고 담대히 마주할 힘과 용기 주옵소서.

기도와 결단

• 오늘 묵상한 말씀의 적용과 삶의 결단을 담아 자신의 기도를 적어보세요.

_____
_____

14 DAY

더 깊은 묵상과 기도(Ⅱ)

> **오늘의 본문 요 14:1-16:4**
>
> 오늘은 지난 6일(Day 8 - Day 13)간 묵상했던 본문을 다시 한 번 더 깊이 묵상하며, 기도의 자리로 나아가는 날입니다. 먼저 오늘의 본문을 2회 이상 천천히 기도하는 마음으로 읽으시고 그 가운데 주님의 인도하심을 따라 더 깊이 있는 말씀 묵상과, 기도의 자리로 나아가시기 바랍니다. 다음의 질문들이 묵상과 기도에 도움이 되실 것입니다.

• 오늘 말씀 묵상을 통해 지난 6일간 묵상했던 내용 중 특별히 더 주목되는 부분은 무엇입니까? 지난 6일간 새롭게 깨닫게 된 부분은 무엇입니까?

_____
_____
_____

• 지난 6일간 깨달은 내용 중 그간 실천한 것은 무엇입니까? 그렇게 실천하는 과정에서 무엇을 새롭게 경험했습니까?

_____
_____
_____

• 실천하는 과정에서 어려웠던 것은 또 무엇입니까? 지난 6일간 깨달은 내용 중 제대로 실천하지 못했거나 잊어버렸던 것은 무엇입니까?

___

___

___

• 지난 6일간 깨달은 것과 실천할 수 있었던 것에 대해 주님께 감사의 기도와 찬양을 드리시기 바랍니다. 아직 실천하지 않고 있거나 실천하면서 어려움이 있는 것들에 대해 주님께서 힘을 주셔서 실천할 수 있게 해 달라고 간구하세요.

___

___

___

• 그 외의 묵상 내용과 기도에 대해서 자유롭게 적어보세요.

더 깊은 묵상	더 깊은 기도

요한복음 13-20장을 중심으로

더 깊은 이해를 위한 추가해설
Days 8-14(2주차)

1. 계 21:1-22:5를 함께 참고하라.
2. 여기서 '나를'(요 14:9)에 해당하는 헬라어 단어(ἐμέ)는 '강조형'(emphatic form)이다.
3. 하나님에 대한 최종적 계시는 모세가 아닌, 하나님의 독생자 예수 그리스도를 통해서 주어졌다!(요 1:17-18) 하나님의 본체이신 예수 그리스도는 하나님을 온전히 그리고 최종적으로 계시하셨다. 예수님은 계시자/메신저일 뿐 아니라, 계시/메시지 그 자체시다(요 14:9). 그리스도와 모세의 비교는 히 3:1-6를 함께 참조하라.
4. 요 1:1과 1:18 간의 수미상관법(inclusio)에 주목하라. 요 1:1과 1:18은 각각 요한복음 프롤로그의 시작 및 끝절에 해당한다. 이 두 절(verses) 모두 성부와 성육하신 말씀(성자)에게 '하나님'(θεός)이란 표현을 사용한다.
5. 아울러 구약이 예수 그리스도에 대해 증언하고 있음을 잊지 말아야 한다(요 5:39-47). 그렇기에 예수 그리스도에 대해서 잘 알려면 신약뿐 아니라 구약까지 잘 알아야 한다.
6. 하나님을 인간에게 온전히 계시하기 위해 하나님이 인간이 되셔야 했다. 그것이 바로 성육신의 신비다(요 1:1-18, 특별히 14절).
7. '보혜사'(헬라어: 파라클레토스, παράκλητος)는 '변호해 주는 분' 혹은 '도와주는 분'이라는 뜻으로 성령을 가리킨다. '또 다른 보혜사'라는 표현은 지금 이 시점까지 예수님께서 공생애기간 동안 제자들을 변호해 주시고, 도와주는 '보혜사'의 역할을 수행하셨음을 전제한다(요 14:25-26; 17:12참조).
8. 요 17장, 특별히 17:20이하를 보라.
9. 요한복음의 중요한 강조점 중 하나가 바로 '성령'(보혜사)에 관한 것이다(요 14-16장 전체를 보라). 요한복음에서 예수님의 대적자로 거듭 묘사되는 바리새인들은 자신들 당대의 성령의 활동을 인정하지 않았다. 바리새인들은 성령을 예언의 영으로 믿었고, 성령의 존재를 부정하거나 부인하진 않았다. 그러나 성령이 자신들 당대에 활동한다든지, 자신들이 성령을 모시고 있다든지 하는 주장을 하지 않았다. 반면, 사도 요한은 다른 신약 기자들(예를 들어, 바울)처럼 그의 독자들이 성령을 모시고 있음을 확실히 전제하는 가운데 그의 책(요한복음)을 저술했다.
10. "아버지는 나보다 크심이라"는 성부와 성자간의 본질적(essential) 차이에 대한 선언이 아니다(요 1:1; 20:28 [마 28:19-20; 고후 13:13참조]을 함께 참조하라). 이는 본질의 차이가 아니라 역할의(functional) 차이에 대한 선언이며, 특히 성부에 대한 성자의 순종을 표현하는 선언이다.
11. '이 세상의 임금'은 사단을 가리킨다.

더 깊은 이해를 위한 추가해설

Days 8-14(2주차)

12 '그[= 사단]는 내게 관계할 것이 없으니'(요 14:30)라는 말씀의 의미는, 예수님이 아무 죄도 없으시고, 사단과 아주 조금도 타협하신 바가 없으므로 사단이 예수님을 비방할 수 있는 어떤 정당한 근거도 없음을 의미한다.

13 여기서 '평안/평화'는 헬라어로 '에이레네'(εἰρήνη)인데, 히브리어로 '샬롬'(שלום)에 해당한다.

14 예수 그리스도의 '평화/평안'과 관련허서, 신약에서는 행 10:36; 엡 2:14-18을 보라. 롬 1:7; 5:1를 함께 참고하라. 구약에서는 사 9:6를 보라. 민 6:26; 시 29:11; 겔 37:26; 학 2:9을 함께 참고하라.

15 여기서 사용된 동사 '깨끗하게 하다'는 '손질하다'(to prune)라는 의미도 가질 수 있다.

16 헬라어 구문에서 "나를 떠나서는 너희가 아무것도 할 수 없음이라"(요 15:5)는 이중부정을 담고 있는데, 헬라어에서 이증부정은 (긍정이 아닌) 강조된 부정을 뜻한다. 강조된 부정의 의미를 담아 이 부분을 번역하면 다음과 같다. "나를 떠나서는 너희가 결단코 아무것도 할 수 없음이라."

17 여기서 "제자가 되리라"는 '제자임을 입증한다'의 의미다.

18 구약에서는 아브라함(사 41:8 [약 2 23 참조])과 모세(출 33:11)가 '하나님의 친구'로 불렸다.

19 여기 언급된 제자들 간의 서로 사랑은 바로 이어지는 부분(요 15:18-25)이 언급하는 제자들에 대한 세상의 증오와 서르 대조를 이룬다.

20 요 15:5에서 '나를 떠나서는'은 '내가 없이는'으로도 번역이 가능하다. 같은 표현이 그리스도와 관련해서 사용된 다른 계는 요 1:3를 보라. "만물이 그로 말미암아 지은 바 되었으니 지은 것이 하나도 그가 없이는[그를 떠나서는] 된 것이 없느니라"(요 1:3). 요 1:3에서는 이 구문이 창조오-관련해서 사용되었다. 요 1:3과 15:5을 연결해 보면, 우리가 예수님을 떠나서 아무것도 할 수 없는 이유(15:5)는 바로 우리가 그분을 통해서 창조된 존재이기 때문이다(1:3 [10절 참조]). 예수님을 믿고 따르는 것은 창조의 질서를 따르는 것이고, 인간의 본성에 지극히 부합하는 일이다. 그것이 또한 모든 세대, 모든 사람들이 예수그리스도의 복음을 들어야 하는 이유이기도 하다(요 20:30-31 참조). 예수 그리스도는 유대교의 인상적인 랍비나 탁월한 선지자 정도가 아니시다. 그는 성육하신 창조주시다. 그렇기에 예수 그리스도를 떠나선 우리는 아무것도 할 수 없다. 우리는 예수님 없이는 아무것도 할 수 없는 존재다. 예수님 없이 무언가 생산해 내는 것 같더라도 끝에 가서는 모두 헛되고 무익한 결과뿐이다. 우리 삶이 하나님의 관점에서 의미 있고 생산적이 되려면 예수님께 철썩 달라붙어 있어야 하며, 그분만을 의지해야 한다. 이러한 사실을 겸허히 그리고 솔직히 인정해야 한다. 그는 창조주시고 우리는 피조물(그의 백성[1:11 참조])이다. 그렇기에 그를 의지하고 그에게 꼭 붙어 있어야만 한다.

더 깊은 이해를 위한 추가해설

Days 8-14(2주차)

21 제자들 간의 서로 사랑을 강조하는 요 15:17은 15:1-17단락의 결론이기도 하다.

22 요한복음에서 '세상'(헬라어: 코스모스, κόσμος)은 하나님을 떠나고, 반역한 인간들을 묘사하는 데 주로 사용된다(예: 요 3:16).

23 여기서 '율법'(요 15:25)은 구약 전체를 통칭하는 표현이지만 구체적으로는 시 69:4를 가리킨다("까닭 없이 나를 미워하는 자가 나의 머리털보다 많고 부당하게 나의 원수가 되어 나를 끊으려 하는 자가 강하였으니 내가 빼앗지 아니한 것도 물어 주게 되었나이다"). 구원사의 클라이맥스에서 예수 그리스도는 다윗이 경험했던 일을 친히 그리고 궁극적인 방식으로 경험하신다(요 13:18 함께 참조).

24 성령은 그리스도에 대해 증언하신다. 성령은 우리를 그리스도께로 이끈다. 성령의 사역에 대한 다양한 이해가 그리스도인들 가운데 존재하지만 만일 우리가 강조하는 성령의 사역(그리고 성령체험)이 우리를 예수 그리스도께로 더 가까이 이끌지 않고 도리어 우리의 시선이 그리스도로부터 멀어지게끔 한다면 거기에는 분명 중대하고도 심각한 문제가 존재한다. 요 16:14을 함께 참고하라.

25 '증언'(요 15:26, 27)은 원래 법정에서의 증언을 지칭하는 표현이다.

26 요 16:4하반절("처음부터 이 말을 하지 아니한 것은 내가 너희와 함께 있었음이라")은 성령의 사역에 대해 집중적으로 언급하는 16:5-15로의 연결고리 역할을 한다.

평안을 너희에게 끼치노니
곧 나의 평안을 너희에게 주노라
내가 너희에게 주는 것은
세상이 주는 것과 같지 아니하니라
너희는 마음에 근심하지도 말고
두려워하지도 말라(요 14:27)

15 DAY

"내가 떠나가는 것이 너희에게 유익이라"

오늘의 본문 요 16:5-15

5 지금 내가 나를 보내신 이에게로 가는데 너희 중에서 나더러 어디로 가는지 묻는 자가 없고
6 도리어 내가 이 말을 하므로 너희 마음에 근심이 가득하였도다
7 그러나 내가 너희에게 실상을 말하노니 내가 떠나가는 것이 너희에게 유익이라 내가 떠나가지 아니하면 보혜사가 너희에게로 오시지 아니할 것이요 가면 내가 그를 너희에게로 보내리니
8 그가 와서 죄에 대하여, 의에 대하여, 심판에 대하여 세상을 책망하시리라
9 죄에 대하여라 함은 그들이 나를 믿지 아니함이요
10 의에 대하여라 함은 내가 아버지께로 가니 너희가 다시 나를 보지 못함이요
11 심판에 대하여라 함은 이 세상 임금이 심판을 받았음이라
12 내가 아직도 너희에게 이를 것이 많으나 지금은 너희가 감당하지 못하리라
13 그러나 진리의 성령이 오시면 그가 너희를 모든 진리 가운데로 인도하시리니 그가 스스로 말하지 않고 오직 들은 것을 말하며 장래 일을 너희에게 알리시리라
14 그가 내 영광을 나타내리니 내 것을 가지고 너희에게 알리시겠음이라
15 무릇 아버지께 있는 것은 다 내 것이라 그러므로 내가 말하기를 그가 내 것을 가지고 너희에게 알리시리라 하였노라

저자 해설 및 묵상

그리스도인들 가운데 "내가 예수님을 한 번만 내 눈으로 볼 수 있다면 정말 좋겠다"고 말하는 사람들이 적지 않습니다. 그럴수만 있다면, 자신이 신앙의 확신을 갖고 참으로 열정적인 신앙생활을 할 수 있을 것이라고 말하곤 합니다. 또 그런 뜻에서 나사렛 예수를 직접 대면하고 함께 대화를 나누었던 1세기 팔레스타인의 제자들에 대해 부러움을 감추지 못합니다.

그러나 오늘 본문에 따르면, 주님은 자신이 하나님 아버지께로 돌아가시고 보혜사 성령이 오시는 것이 제자들에게 오히려 유익이라고 말씀합니다.

> "그러나 내가 너희에게 실상을 말하노니 내가 떠나가는 것이 너희에게 유익이라 내가 떠나가지 아니하면 보혜사가 너희에게로 오시지 아니할 것이요 가면 내가 그를 너희에게로 보내리니"(요 16:7).

그리스도의 영인 성령은 그리스도의 사역을 이어가십니다(행 16:6-7 참고). 그렇기에 성령에 이끌려 사는 삶이야말로 예수님과 실제로 동행하는 인생입니다. 성령과 함께 하는 것은 팔레스타인 땅을 걸으셨던 예수님의 옷자락을 만지며 그분과 함께 하는 것만큼 감격스러운 경험입니다! 나아가 요한복음 16:7에 기록된 예수님의 말씀에 따르면, 주님이 이제 제자들을 떠나 아버지께로 가시고 성령을 파송하는 것이 제자들에게 더 유익합니다. 왜냐면 구원사의 새로운 시대에서 제자들이 그리스도께서 이미 이루신 일(요 19:30 참조)에 근거하여 살 수 있기 때문입니다. 또한 이제 주의 함께하심이라는 놀라운 축복과 혜택이 팔레스타인의

저자 해설 및 묵상

몇몇 제자들에게 국한되는 것이 아니라 예수를 주로 고백하는 전세계 모든 이들에게 가능해지기 때문입니다(사도행전의 기록들을 보십시오!).

그런데 우리는 정말 이런 이해(요 16:7)를 갖고 하루하루의 삶을 살고 있나요? 그리스도께서 우리의 죄를 대속하시고, 부활 승천하신 후, 약속에 따라 성령을 교회에 보내주셨습니다. 약속의 성령이 우리와 함께 하시는 시점을 살고 있는 우리는 성령의 동행하심에 대한 감격과 감사의 삶을 살고 있습니까? 그리스도께서 몇몇 '특별한' 사람들과만이 아니라, 예수를 주로 고백하는 모든 이들과 성령을 통해 지금 함께 하신다는 사실(마 28:20 참조)이 우리의 심장을 두근거리게 만드나요? 지금 성령과 동행하는 삶이 왠지 모르게 예수님을 육안으로 대면하고, 샌들을 신고, 그분과 함께 걸었던 1세기 팔레스타인의 제자들보다 많이 부족하다고 생각하는 것은 아닌지요?

우리의 느낌이나 직관이 아닌, 성경이 말씀하는 실상에 비추어 바라보고, 믿고, 살아가는 필자와 독자들이 되길 간절히 바랍니다. 그리고 주님께서 우리 대신 십자가에서 죽으시고 부활하셨기에 세계 방방곡곡의 그리스도인들이 성령을 통해 오늘도 예수님과 함께 할 수 있는 이 복된 실체로 인해 감격하는 필자와 독자들이 되길 바랍니다.

주 예수님의 말씀을 꼭 기억하고, 신뢰하십시오.

"그러나 내가 너희에게 실상을 말하노니 내가 떠나가는 것이 너희에게 유익이라 내가 떠나가지 아니하면 보혜사가 너희에게로 오시지 아니할 것이요 가면 내가 그를 너희에게로 보내리니"(요 16:7).

묵상과 적용을 위한 질문

예수님이 약속하신 성령께서는 성도의 마음에 내주하시며, 날마다 주님과 동행하도록 도우십니다. 우리는 어떻게 성령과 동행하는 감격을 회복할 수 있을까요?

___

___

___

 **나만의 묵상 메모**

___

___

 **저자와 함께 하는 한줄 기도**

성령을 통해 온 열방의 그리스도인들이 날마다 예수님과 함께 할 수 있음에 감격케 하소서.

기도와 결단

- 오늘 묵상한 말씀의 적용과 삶의 결단을 담아 자신의 기도를 적어보세요.

___

___

16 DAY

"너희 근심이 도리어 기쁨이 되리라"

오늘의 본문 요 16:16-24, 33

16 조금 있으면[1] 너희가 나를 보지 못하겠고 또 조금 있으면[2] 나를 보리라 하시니
17 제자 중에서 서로 말하되 우리에게 말씀하신 바 조금 있으면 나를 보지 못하겠고 또 조금 있으면 나를 보리라 하시며 또 내가 아버지께로 감이라 하신 것이 무슨 말씀이냐 하고
18 또 말하되 조금 있으면이라 하신 말씀이 무슨 말씀이냐 무엇을 말씀하시는지 알지 못하노라 하거늘
19 예수께서 그 묻고자 함을 아시고 이르시되 내 말이 조금 있으면 나를 보지 못하겠고 또 조금 있으면 나를 보리라 하므로 서로 문의하느냐
20 내가 진실로 진실로 너희에게 이르노니 너희는 곡하고 애통하겠으나 세상은 기뻐하리라[3] 너희는 근심하겠으나 너희 근심이 도리어 기쁨이 되리라[4]
21 여자가 해산[5]하게 되면 그 때가 이르렀으므로 근심하나 아기를 낳으면 세상에 사람 난 기쁨으로 말미암아 그 고통을 다시 기억하지 아니하느니라
22 지금은 너희가 근심하나 내가 다시 너희를 보리니 너희 마음이 기쁠 것이요 너희 기쁨을 빼앗을 자가 없으리라
23 그 날에는 너희가 아무 것도 내게 묻지 아니하리라 내가 진실로 진실로 너희에게 이르노니 너희가 무엇이든지 아버지께 구하는 것을 내 이름으로 주시리라
24 지금까지는 너희가 내 이름으로 아무 것도 구하지 아니하였으나 구하라 그리하면 받으리니 너희 기쁨이 충만하리라

[중략]

33 이것을 너희에게 이르는 것은 너희로 내 안에서 평안을 누리게 하려 함이라 세상에서는 너희가 환난을 당하나 담대하라 내가 세상을 이기었노라

저자 해설 및 묵상

예수님은 제자들이 그의 죽음으로 인해 애통하고, 큰 근심에 빠지게 될 것을 미리 아십니다(요 16:20 상반절). 하지만 동시에 그들의 근심이 환희로 변하게 될 것 또한 예고하십니다(요 16:20 하반절). 슬픔에 깊이 빠져 상심했던 제자들이 기쁨의 사람으로 변하는 '터닝포인트'(turning point)는 과연 무엇입니까? 바로 예수 그리스도의 부활입니다! 부활하신 주님을 대면하고 나서 제자들은 슬픔의 사람에서 기쁨의 사람으로 변합니다(요 20장[고전 15장 참조]).

우리 역시 마찬가지입니다. 우리가 기뻐할 수 있는 본질적인 이유는 그리스도께서 죽은 자 가운데서 다시 살아나셨기 때문입니다. 나아가 주님이 잠자는 자들의 첫 열매가 되신 것처럼 우리도 부활할 것이기 때문입니다(고전 15장). 우리의 기쁨이 상황에 따라 좌지우지될 필요가 없는 이유는 예수 그리스도의 부활이 그 기쁨의 근거이기 때문입니다.

> "지금은 너희가 근심하나 내가 다시 너희를 보리니 너희 마음이 기쁠 것이요 너희 기쁨을 빼앗을 자가 없으리라"(요 16:22).

우리가 살아야 하는 현실은 그리 녹록하지 않습니다. 그래서 우리는 종종 그에 압도되기도 하고, 그 가운데 상심하기도 합니다. 세상은 즐거워하는 듯 보이는데 막상 예수의 제자인 우리는 그렇지 못함을 보면서 세상을 부러워하기도 하고 자신을 실패자로 낙인찍을 때도 있습니다. 때로는 가치 죽을 것 같은 고통을 인생의 한복판에서 경험하기도 하며, 그래서 '차라리 주님께서 오늘 나를 불러

저자 해설 및 묵상

주셨으면 좋겠다'고 속으로 되뇌기도 합니다.

하지만 우리는 그런 상황 가운데서라도 예수 그리스도의 부활이라는 실체를 굳게 붙잡아야 합니다. 우리도 잠자는 자들의 첫 열매이신 주님 따라 부활할 것이라는 흔들림없는 소망에 근거하여 우리의 삶을 마주해야 합니다. 그럴 때 우리는 슬픔이 바뀌어 기쁨이 되어가는 것을 발견할 것입니다. 그리고 그 가운데 우리의 신음이 차츰 용기로 탈바꿈하는 것을 경험케 될 것입니다. 그리고 부활하신 주님께서 다시 오셔서 신실한 그의 백성들을 신원하시고 보상하실 마지막 날에 대한 믿음과 소망이 우리 가운데서 한층 더 생명력있게 뿜어 오를 것입니다.

"너희는 근심하겠으나 너희 근심이 도리어 기쁨이 되리라…… 세상에서는 너희가 환난을 당하나 담대하라 내가 세상을 이기었노라"(요 16:20, 33).

오늘 예수님의 부활이라는 확고한 실체를 붙잡고 여러분의 삶을 믿음과 소망으로 걸어가십시오. 예수 그리스도께서 부활하셨습니다!(Jesus Christ is risen) 부활하신 주님께서 여러분과 함께 하십니다! 할렐루야!

묵상과 적용을 위한 질문

필자가 말한 바, 예수 그리스도의 부활이라는 확고한 실체를 붙잡고 현실을 직면한다는 것은 무슨 의미인가요? 그것이 오늘 당신의 삶 가운데 어떤 구체적인 의미(의의)를 갖나요?

_____
_____
_____

 나만의 묵상 메모

_____
_____
_____

 **저자와 함께 하는 한줄 기도**

예수님의 부활이라는 확고한 실체를 붙잡고, 삶의 여정을 믿음과 소망으로 걷게 하소서.

기도와 결단

- 오늘 묵상한 말씀의 적용과 삶의 결단을 담아 자신의 기도를 적어보세요.

_____
_____

17 DAY

"아버지께서 나와 함께 계시느니라"

오늘의 본문 요 16:25-33

25 이것을 비유로 너희에게 일렀거니와 때가 이르면 다시는 비유로 너희에게 이르지 않고 아버지에 대한 것을 밝히 이르리라[6]

26 그 날에 너희가 내 이름으로 구할 것이요 내가 너희를 위하여 아버지께 구하겠다 하는 말이 아니니

27 이는 너희가 나를 사랑하고 또 내가 하나님께로부터 온 줄 믿었으므로 아버지께서 친히 너희를 사랑하심이라

28 내가 아버지에게서 나와 세상에 왔고 다시 세상을 떠나 아버지께로 가노라 하시니[7]

29 제자들이 말하되 지금은 밝히 말씀하시고 아무 비유로도 하지 아니하시니

30 우리가 지금에야 주께서 모든 것을 아시고 또 사람의 물음을 기다리시지 않는 줄 아나이다 이로써 하나님께로부터 나오심을 우리가 믿사옵나이다[8]

31 예수께서 대답하시되 이제는 너희가 믿느냐

32 보라 너희가 다 각각 제 곳으로 흩어지고 나를 혼자 둘 때가 오나니 벌써 왔도다 그러나 내가 혼자 있는 것이 아니라 아버지께서 나와 함께 계시느니라[9]

33 이것[10]을 너희에게 이르는 것은 너희로 내 안에서 평안을 누리게 하려 함이라 세상에서는 너희가 환난을 당하나 담대하라 내가 세상을 이기었노라[11]

저자 해설 및 묵상

오늘 본문(요 16:25-33)은 어제 묵상한 본문과 내용상 밀접하게 연결, 중첩되어 있습니다(예를 들어 20절과 33절을 함께 보십시오). 오늘은 특별히 32절 내용에 주목하겠습니다. 어제 <저자 해설 및 묵상> 내용을 한 번 복습하시고 오늘 본문을 읽으시면 이해에 도움이 될 것입니다.

제자들이 예수님께 대한 믿음을 고백한(요 16:30) 직후, 예수님은 도리어 그들이 스승을 저버리고 흩어질 것이라 예언하십니다(요 16:32 상반절). 제자들이 자신을 저버릴 것에 대해 말씀하는 대목(요 16:32)에서 예수님은 스가랴 13:7을 염두에 두신 것 같습니다.

> "만군의 여호와가 말하노라 칼아 깨어서 내 목자, 내 짝 된 자를 치라 목자를 치면 양이 흩어지려니와 작은 자들 위에는 내가 내 손을 드리우리라"(슥 13:7).[12]

3년 정도를 동고동락했던 제자들이 자신을 저버리고 흩어질 것을 아셨던 예수님의 마음이 많이 아팠을 것 같습니다. 저 같으면 엄청난 배신감과 상처 때문에 크게 아파했을 것입니다. 그러나 예수님은 그런 것들이 아닌, 하나님 아버지께서 여전히 자신과 함께하신다는 사실에 주목합니다.

> "보라 너희가 다 각각 제 곳으로 흩어지고 나를 혼자 둘 때가 오나니 벌써 왔도다 그러나 내가 혼자 있는 것이 아니라 아버지께서 나와 함께 계시느

저자 해설 및 묵상

니라"(요 16:32).

우리를 대하는 사람들의 태도가 바뀌면(그 이유가 무엇이든 간에) 마음이 상합니다. 무언가를 약속했던 그들의 말이 은근슬쩍 바뀔 때 화가 치밀기도 합니다. 하지만 예수님이 마주하실 상황은 그런 사소한 것이 아닙니다. 주님은 제자들이 삼년간 동고동락했던 자신을 곧 저버리고 흩어질 것에 대해 말씀하고 계십니다(요 16:32 [13:38 참조]). 그러나 제자들이 도망치고 홀로 내버려지는 차가운 현실 가운데서도 예수님은 자신과 함께하시는 하나님 아버지께 집중합니다.

다른 사람이 우리를 어떻게 대하는가에 지나치게 신경쓰고, 휘둘리기보다 우리와 변함없이 함께하시는 하나님으로 인해 뿌리깊은 안정감을 누리는 우리들이 되길 바랍니다. 우리는 종종 사람들이 우리로부터 멀어지거나 배신할 때에야 비로소 주님을 찾을 때가 많습니다. 하지만 이젠 그런 태도에서 벗어나, 매일 주님과 친밀히 동행하는 가운데, 변함없으시고 신실하신 주님이 바로 우리 존재의 중심이요 뿌리임을 더욱 생생히 깨닫게 되길 바랍니다.

묵상과 적용을 위한 질문

당신은 상황의 변동에 상관없이 하나님이 당신과 함께 하심을 신뢰하며 살고 계신지요? 하나님이 변함없이 함께 하심을 신뢰하는 것이 삶에서 왜 중요한가요?

___

___

___

 나만의 묵상 메모

___

___

 **저자와 함께 하는 한줄 기도**

나와 늘 함께 하시는 신실하신 주님이 내 존재의 중심이요 뿌리임을 잊지 않게 해 주소서.

기도와 결단

- 오늘 묵상한 말씀의 적용과 삶의 결단을 담아 자신의 기도를 적어보세요.

___

___

'십자가'와 '영광'의 중첩

> **오늘의 본문 요 17:1-5**

1 예수께서 이 말씀을 하시고 눈을 들어 하늘을 우러러[13] 이르시되 아버지여 때가 이르렀사오니 아들을 영화롭게 하사 아들로 아버지를 영화롭게 하게 하옵소서[14]
2 아버지께서 아들에게 주신 모든 사람[15]에게 영생[16]을 주게 하시려고 만민을 다스리는 권세를 아들에게 주셨음이로소이다
3 영생은 곧 유일하신 참 하나님과 그가 보내신 자 예수 그리스도를 아는[17] 것이니이다[18]
4 아버지께서 내게 하라고 주신 일을 내가 이루어 아버지를 이 세상에서 영화롭게 하였사오니
5 아버지여 창세 전에 내가 아버지와 함께 가졌던 영화로써 지금도 아버지와 함께 나를 영화롭게 하옵소서

저자 해설 및 묵상

오늘 본문에서 예수님은 '아들을 영화롭게' 해 달라고(요 17:1) 아버지께 기도하십니다. 이는 그리스도의 성육 전 성부와 공유하신 영광의 회복을 구하는 기도입니다. 17:5는 이 기도를 더 구체적으로 기록합니다. "아버지여 창세 전에 내가 아버지와 함께 가졌던 영화로써 지금도 아버지와 함께 나를 영화롭게 하옵소서"(요 17:5). 그리스도께서 하나님 아버지와 영광을 공유하신다는 사실은 그의 신성(요 1:1; 20:28 참조)을 강력히 암시합니다. 하나님은 그 어떤 다른 존재와도 자신의 영광을 나누지 않으시기에(사 42:8, 48:11), 그리스도께서 하나님과 영광을 공유하신다는 사실은 결국 그리스도께서 하나님과 하나이심(one with God)을 뜻합니다(요 1:1; 20:28).[19]

그런데 한 가지 절대 간과해선 안 되는 것이 있습니다. 예수 그리스도께 있어 '영화롭게 됨'을 향하여 나아가는 통로가 바로 십자가의 죽음이었다는 사실입니다. 실제 요한복음 17:1-26에 기록된 주님의 기도는 그가 체포되어 고난받기 바로 전에 하나님 아버지께 올린 기도입니다.

우리는 십자가와 영광을 날카롭게 구분하고 대치시키는 경향이 농후합니다. 그러나 저자인 사도 요한은 이 둘을 의도적으로 '중첩'(overlap)시킵니다. 요한복음 12:23-24에서 그 대표적인 예를 찾을 수 있습니다.

> 예수께서 대답하여 이르시되 인자가 영광을 얻을 때가 왔도다 내가 진실로 진실로 너희에게 이르노니 한 알의 밀이 땅에 떨어져 죽지 아니하면 한 알 그대로 있고 죽으면 많은 열매를 맺느니라(요 12:23-24)

저자 해설 및 묵상

위 구절에서 예수님은 영광을 얻는 것을 말씀하시지만 동시에 자신의 죽음에 대해 이야기하십니다. 이와같이 요한복음 12:23-24에는 십자가와 영광이 중첩되어 있습니다. 그리스도의 십자가 죽음은 승귀의 통로일 뿐 아니라, 그가 영화롭게 되는 유기적이고 필연적인 과정(program)입니다.[20] 그래서 요한복음 연구자들은 요한이 그리스도의 죽음을 그의 '왕위 즉위식'으로 묘사했다고 밝힙니다.

물론 예수님의 대속의 십자가와 우리가 감당해야 하는 '십자가'(막 8:34 참조) 사이에는 죄 사함에 관한 극명한 차이가 존재합니다. 우리의 죄 용서는 오직 그리스도의 십자가를 통해서만 가능합니다. 우리가 주와 복음을 위해 아무리 큰 고난을 받는다고 해도 그것으로 우리의 작은 죄 하나도 사할 수 없습니다. 오직 예수 그리스도만이 우리 죄를 대속하실 수 있고 또 이미 그 일을 골고다에서 이루셨습니다(요 19:30 [1:29 참조]).

십자가와 영광 사이의 연결, 중첩과 관련해서 우리들이 여전히 더 묵상해 보고 삶에 적용할 부분이 있습니다. 주님의 십자가가 그가 영화롭게 되는 유기적이고 필수적인 과정이었던 것처럼, 주와 복음을 위한 우리의 고난 역시 하나님이 우리를 영화롭게 하시는 유기적이고 필수적인 과정의 한 부분임을 기억하길 바랍니다. 그래서 성령충만했던 사도들처럼 주님으로 인해 고난 당하는 것을 도리어 영광으로 생각할 수 있는 안목을 갖길 소원합니다(행 5:41). 적어도 우리가 주를 위해 고난받을 때, 그것이 하나님께 올려지는 송영이 됨(요 21:19 참조)을 기억하길 바랍니다.

묵상과 적용을 위한 질문

당신은 '고난'와 '영광' 이 두 단어를 그간 어떻게 이해해 왔습니까? 저자 요한이 예수님의 '고난'(십자가에 죽음)과 '영광'(영화롭게 됨)을 서로 유기적으로 연결, 중첩시켜 이해한 것이 오늘 예수님의 제자된 당신의 삶에 어떤 의미로 다가오는지요?

___

___

___

 **나만의 묵상 메모**

___

___

 **저자와 함께 하는 한줄 기도**

이땅에서 사는 동안 고난과 영광을 연결, 중첩시켜 바라볼 수 있는 믿음의 안목을 주옵소서.

기도와 결단

• 오늘 묵상한 말씀의 적용과 삶의 결단을 담아 자신의 기도를 적어보세요.

___

___

___

세상에 있으나
세상에 속하지 않은 존재

오늘의 본문 요 17:6-19

6 세상 중에서 내게 주신 사람들에게 내가 아버지의 이름을 나타내었나이다 그들은 아버지의 것이었는데 내게 주셨으며 그들은 아버지의 말씀을 지키었나이다
7 지금 그들은 아버지께서 내게 주신 것이 다 아버지로부터 온 것인 줄 알았나이다
8 나는 아버지께서 내게 주신 말씀들을 그들에게 주었사오며 그들은 이것을 받고 내가 아버지께로부터 나온 줄을 참으로 아오며 아버지께서 나를 보내신 줄도 믿었사옵나이다
9 내가 그들을 위하여 비옵나니 내가 비옵는 것은 세상을 위함이 아니요 내게 주신 자들을 위함이니이다 그들은 아버지의 것이로소이다
10 내 것은 다 아버지의 것이요 아버지의 것은 내 것이온데[21] 내가 그들로 말미암아 영광을 받았나이다
11 나는 세상에 더 있지 아니하오나 그들은 세상에 있사옵고 나는 아버지께로 가옵나니 거룩하신 아버지여 내게 주신 아버지의 이름으로 그들을 보전하사 우리와 같이 그들도 하나가 되게 하옵소서[22]
12 내가 그들과 함께 있을 때에 내게 주신 아버지의 이름으로 그들을 보전하고 지키었나이다 그 중의 하나도 멸망하지 않고 다만 멸망의 자식뿐이오니 이는 성경[23]을 응하게 함이니이다
13 지금 내가 아버지께로 가오니 내가 세상에서 이 말을 하옵는 것은 그들로 내 기쁨을 그들 안에 충만히 가지게 하려 함이니이다
14 내가 아버지의 말씀을 그들에게 주었사오매 세상이 그들을 미워하였사오니 이는 내가 세상에 속하지 아니함 같이 그들도 세상에 속하지 아니함으로 인함이니이다
15 내가 비옵는 것은 그들을 세상에서 데려가시기를 위함이 아니요 다만 악[24]에 빠지지 않게 보전하시기를 위함이니이다
16 내가 세상에 속하지 아니함 같이[25] 그들도 세상에 속하지 아니하였사옵나이다
17 그들을 진리로 거룩하게 하옵소서 아버지의 말씀은 진리니이다
18 아버지께서 나를 세상에 보내신 것 같이 나도 그들을 세상에 보내었고[26]
19 또 그들을 위하여 내가 나를 거룩하게[27] 하오니 이는 그들도 진리로 거룩함을 얻게 하려 함이니이다

저자 해설 및 묵상

요한복음 17:6-19은 제자들을 위한 예수님의 기도를 생생하게 기록합니다. 오늘 말씀 묵상에서는 특별히 15-16절 내용에 주목해 보겠습니다.

"내가 비옵는 것은 그들을 세상에서 데려가시기를 위함이 아니요 다만 악에 빠지지 않게 보전하시기를 위함이니이다 내가 세상에 속하지 아니함 같이 그들도 세상에 속하지 아니하였사옵나이다"(요 17:15-16).

주님은 제자들을 바로 '아버지 집'(요 14:2)으로 데려갈 것이라고 약속하지 않으십니다. 그렇다고 제자들이 '세상'(즉, 하나님께 반역하는 사회와 사람들[28])으로부터 유리된 채 산속에 들어가 지내야 한다고도 말씀하지 않습니다. 주님은 제자들이 하나님을 모르는 세상 가운데 머물게 된다고 말씀합니다. 제자들에게 필요한 것은 '죄-세상-마귀'의 연동하는 영향력으로부터의 보호와 보전이지 사회로부터의 분리나 도피가 아닙니다.

일상을 떠나 하나님을 집중적으로 구하는 시간은 누구에게나 필요합니다. 그리고 우리 중 더러는 일생을 그렇게 살도록 특별한 부름을 받은 분들도 있습니다. 그러나 대부분의 그리스도인은 세상의 한복판에서 주어진 사명을 감당하는 빛과 소금이 되도록 부르심을 받았습니다.

그러나 세상 가운데 머문다는 것이 세상과의 동화를 의미하는 것은 결코 아닙니다. 땅에 발붙이고 살아간다고 해서 결코 악과 타협하는 일이 정당화되지 않습니다. 예수님은 제자들이 세상 가운데 살겠지만, 세상 소속이 아니라고 말씀

저자 해설 및 묵상

하십니다. 예수님 자신처럼 말입니다.

> "내가 세상에 속하지 아니함 같이 그들도 세상에 속하지 아니하였사옵나이다"(요 17:16).

하늘에서 오신 분(그리스도; 요 3:13; 6:38)을 믿는 자들은 다른 여느 사람들처럼 여전히 땅에 발을 붙이고 살지만, 세상에 속해 있지 않습니다. 그들은 위로부터 난 자들이고(요 3:1-21), 하늘에 속한 자들입니다(빌 3:20 참조).

'하늘에 속한 자'인 예수 제자들의 정체성은 그들의 삶을 통해(비록 완벽하진 않더라도 진정성 있고 의미 있는 방식으로) 표현되어야 합니다. 우리가 혹시 악과 타협하는 것은 아닌지 정직하게 성찰할 필요가 있습니다. 또한 우리의 연약함을 주님 앞에서 솔직히 인정하고, 매일 겸손히 주님의 도우심을 구해야 합니다.

세상 가운데 있지만, 세상에 속하지 않은 것이 제자 한 사람 한 사람, 그리고 그들이 함께 이루는 제자공동체의 '정체성'(identity)입니다. 오늘 이 고귀한 정체성을 마음에 깊이 간직하며 그에 합당한 발걸음을 내딛는 필자와 독자들이 되길 바랍니다.

묵상과 적용을 위한 질문

'세상 가운데 있지만 세상에 속하지 않은 것이 제자 한 사람 한 사람 그리고 그들이 함께 이루는 제자공동체의 정체성'(identity)이라는 말이 오늘 당신에게 어떤 의미로 다가오나요? '세상 가운데 있지만 세상에 속하지 않은 자'로 산다는 것은 지금 당신 삶의 현시점에서 구체적으로 무엇을 의미하나요?

_____
_____

 **나만의 묵상 메모**

_____

 **저자와 함께 하는 한줄 기도**

세상 가운데 살지만 세상에 속하지 않은 저자의 정체성을 맘속에 간직하고 삶으로 표현케 하소서.

기도와 결단

- 오늘 묵상한 말씀의 적용과 삶의 결단을 담아 자신의 기도를 적어보세요.

_____
_____

하나 됨의 비전

오늘의 본문 요 17:20-26

20 내가 비옵는 것은 이 사람들만 위함이 아니요 또 그들의 말로 말미암아 나를 믿는 사람들도 위함이니
21 아버지여, 아버지께서 내 안에, 내가 아버지 안에 있는 것 같이 그들도 다 하나가 되어[29] 우리 안에 있게 하사 세상으로 아버지께서 나를 보내신 것을 믿게 하옵소서
22 내게 주신 영광을 내가 그들에게 주었사오니 이는 우리가 하나가 된 것 같이 그들도 하나가 되게 하려 함이니이다
23 곧 내가 그들 안에 있고 아버지께서 내 안에 계시어 그들로 온전함을 이루어 하나가 되게 하려 함은 아버지께서 나를 보내신 것과 또 나를 사랑하심 같이 그들도 사랑하신 것을 세상으로 알게 하려 함이로소이다
24 아버지여 내게 주신 자도 나 있는 곳에 나와 함께 있어 아버지께서 창세 전부터 나를 사랑하시므로 내게 주신 나의 영광을 그들로 보게 하시기를 원하옵나이다
25 의로우신 아버지여 세상이 아버지를 알지 못하여도 나는 아버지를 알았사옵고 그들도 아버지께서 나를 보내신 줄 알았사옵나이다
26 내가 아버지의 이름을 그들에게 알게 하였고 또 알게 하리니[30] 이는 나를 사랑하신 사랑이 그들 안에 있고 나도 그들 안에 있게 하려 함이니이다

저자 해설 및 묵상

예수님은 열한 제자(사도)들을 위해 기도하실 뿐 아니라(요 17:6-19), 오늘 본문에 있는 대로, 그리스도의 공동체에 동참하게 될 모든 미래의 제자들을 위해 기도하십니다(요 17:20-26). 오늘 본문에서 가장 두드러지는 주제는 단연 '하나 됨'(연합)입니다. 특별히 20-23절에서 이 주제가 강조됩니다.

"내가 비옵는 것은 이 사람들만 위함이 아니요 또 그들의 말로 말미암아 나를 믿는 사람들도 위함이니 아버지여, 아버지께서 내 안에, 내가 아버지 안에 있는 것 같이 그들도 다 하나가 되어 우리 안에 있게 하사 세상으로 아버지께서 나를 보내신 것을 믿게 하옵소서 내게 주신 영광을 내가 그들에게 주었사오니 이는 우리가 하나가 된 것 같이 그들도 하나가 되게 하려 함이니이다 곧 내가 그들 안에 있고 아버지께서 내 안에 계시어 그들로 온전함을 이루어 하나가 되게 하려 함은 아버지께서 나를 보내신 것과 또 나를 사랑하심 같이 그들도 사랑하신 것을 세상으로 알게 하려 함이로소이다"(요 17:20-23)

'하나 됨'(연합)과 관련된 다양한 표현들은 크게 삼위일체 하나님과의 연합, 그리고 제자들 간의 하나 됨이라는 두 가지 큰 축으로 요약될 수 있습니다. 그리스도의 제자공동체는 주님과 연합하여 삽니다(롬 6:1-14 참조). 또 세상 다른 곳에서 찾을 수 없는 방식으로 서로 사랑하고(요 13:35 참조), 용납하고 하나 됩니다.[31] 그런 제자공동체의 삶을 통해 복음이 세상에 시연됩니다.

저자 해설 및 묵상

선교사님들이 선교지를 떠나는 큰 이유 중 하나가 동료 선교사와의 갈등이라는 가슴 아픈 통계는 이미 잘 알려져 있습니다. 사역자들이 동료 사역자들과의 갈등으로 힘들어하거나, 성도간의 대립으로 힘들어하는 이야기도 그리 낯설지 않습니다. 기존 교우들과 새로 온 교우들 간의 반목 역시 안타깝게도 그리 새롭지 않습니다.

그러나 오늘 본문이 말씀하는 대로, 예수님은 모든 제자의 하나 됨을 위해 기도하셨습니다. 심지어 앞으로 그리스도의 공동체로 들어오게 될 미래의 제자들인 우리들까지도 포함시켜 기도하셨습니다. 마음속에 거의 즉각적으로 하나 되지 못할 이유와 핑계, 혹은 과거의 상처가 떠오르는 분도 계실 것입니다. 그 '웬수'의 얼굴이 떠오르는 분들도 계시겠지요. 하지만 적어도 이 시간에는 그 모든 마음의 짐도 십자가 밑에 내려놓고, "성령이 하나 되게 하신 것을 힘써 지키라"는 주님의 말씀에 주목하시기 바랍니다(엡 4:3).

개인주의가 당연시되고, 그래서 신앙마저 사유화되는 시대에 '신앙 성장'이란 말 역시 대부분 개개인의 영적 계발이란 범주를 크게 넘어서지 못 하는 듯합니다. 그러나 제자들의 하나 됨을 위한 예수님의 기도는 주님의 비전이 성도 개개인의 성장을 넘어 제자공동체의 참된 하나 됨(요 17:23)에 있음을 생생히 보여줍니다. 동시에 종교적 개인주의라는 잠에 취해있는 우리 심령을 깨웁니다.

묵상과 적용을 위한 질문

개인주의가 현재 당신의 신앙에 어떤 영향을 끼치고 있다고 생각하시나요? '제자공동체의 하나 됨'이 당신 삶에 있어서 솔직히 얼마만큼 비중 있는 주제인가요? 제자들의 하나 됨(연합)이 예수님께 왜 중요하다고 생각하시나요?

___

___

___

 나만의 묵상 메모

___

___

___

 **저자와 함께 하는 한줄 기도**

제자들의 하나 됨을 향한 예수님의 비전이 바로 제 비전이 되게 하소서.

기도와 결단

- 오늘 묵상한 말씀의 적용과 삶의 결단을 담아 자신의 기도를 적어보세요.

___

___

21 DAY

더 깊은 묵상과 기도(Ⅲ)

오늘의 본문 요 16:5-17:26

오늘은 지난 6일(Day 15 - Day 20)간 묵상했던 본문을 다시 한 번 더 깊이 묵상하며, 기도의 자리로 나아가는 날입니다. 먼저 오늘의 본문을 2회 이상 천천히 기도하는 마음으로 읽으시고 그 가운데 주님의 인도하심을 따라 더 깊이 있는 말씀 묵상과, 기도의 자리로 나아가시기 바랍니다. 다음의 질문들이 묵상과 기도에 도움이 되실 것입니다.

• 오늘 말씀 묵상을 통해 지난 6일간 묵상했던 내용 중 특별히 더 주목되는 부분은 무엇입니까? 지난 6일간 새롭게 깨닫게 된 부분은 무엇입니까?

_____
_____
_____

• 지난 6일간 깨달은 내용 중 그간 실천한 것은 무엇입니까? 그렇게 실천하는 과정에서 무엇을 새롭게 경험했습니까?

_____
_____
_____

• 실천하는 과정에서 어려웠던 것은 또 무엇입니까? 지난 6일간 깨달은 내용 중 제대로 실천하지 못 했거나 잊어버렸던 것은 무엇입니까?

_____

_____

_____

• 지난 6일간 깨달은 것과 실천할 수 있었던 것에 대해 주님께 감사의 기도와 찬양을 드리시기 바랍니다. 아직 실천하지 않고 있거나 실천하면서 어려움이 있는 것들에 대해 주님께서 힘을 주셔서 실천할 수 있게 해 달라고 간구하세요.

_____

_____

_____

• 그 외의 묵상 내용과 기도에 대해서 자유롭게 적어보세요.

더 깊은 묵상	더 깊은 기도

더 깊은 이해를 위한 추가해설
Days 15-21(3주차)

1. 예수님이 돌아가신 후부터 부활하시기까지의 시간대를 가리킨다.
2. 예수님이 부활하신 이후를 가리킨다.
3. 예수님의 십자가 죽음 직후의 상황을 말한다.
4. 제자들이 부활하신 주님을 대면한 이후의 상황(요 20장 참조)을 말한다.
5. 예수님은 여기서 자신의 고난과 죽음을 출산 직전 산모의 진통에, 그리고 자신의 부활을 아기의 탄생에 비유하신다. 그와 조금 다른 각도에서, 예수 그리스도의 고난과 죽음이, 그의 부활과 새로운 시대를 낳는 '태'였다고도 말할 수 있다.
6. 요 16:25에서 '비유로'는 '밝히'와 서로 대조를 이루는 표현이다. 29절을 함께 참조하라.
7. 사 55:11; 요 1:1을 함께 참조하라.
8. 여기서 제자들이 물어보기도 전에 이미 그들의 질문에 관해 알고 계신다는 사실은 예수님의 신적(divine) 통찰력을 암시한다.
9. 요 8:16, 29 참조.
10. '이것'(요 16:33)은 문자적으로 '이것들'(these things)로 단수(singular)가 아니라 복수형(plural)이다. 여기서 '이것'은 요 14-16장에 걸친 내용 전체를 가리킨다.
11. '세상'에 대한 그리스도의 승리는 그의 부활을 통해 결정적으로 쟁취되었다. 이렇게 쟁취된 승리는 그의 재림 때에 그 최종 완성에 이른다.
12. 마 26:31은 슥 13:7을 명시적으로 인용한다. "그 때에 예수께서 제자들에게 이르시되 오늘 밤에 너희가 다 나를 버리리라 기록된 바 내가 목자를 치리니 양의 떼가 흩어지리라 하였느니라"(마 26:31[슥 13:7 인용]).
13. '눈을 들어 하늘을 우러러' 보는 것(요 17:1)은 유대인들의 기도에 있어 매우 전형적인 자세였다. 시 123:1을 보라.
14. 요 17:1-26에 기록된 기도는 사복음서에 기록된 예수님의 기도 중 분량이 가장 길다.
15. 여기서 '모든 사람'은 문자적으로는 '모든 육체'(all flesh)라는 표현이다.
16. '영생'(요 3:16; 6:54; 17:3)은 단지 생물학적 생명의 소생, 내지는 연장이 아니다. 영생은 다음 세대(the age to come)의 생명, 하늘의 생명, 하나님의 생명, 영원한 생명(영원함은 하나님의 속성임)을 말한다. 영생은 그냥 다시 태어나는 정도가 아니라 '하늘로부터 나는 것'이다(요 3:1-21). 영생은 단지 먼 미래의 일만이 아니다. 예수 그리스도를 믿는 이들은 이 땅에 살면서 이미 영생을 경험하기 시작한다. 성령을 통해 '위로부터' 난 이들은 하나님의 생명을 지금 이 땅에서 누리

더 깊은 이해를 위한 추가해설

Days 15-21(3주차)

기 시작한다(요1:13; 3:1-21). '영생'은 그저 미래의 실체만이 아니라 이미 시작되고 경험되는 실체다.
17 여기서 언급된 '앎'은 단지 어떤 정보에 관한 지식이 아니라 관계적이고 친밀한 앎을 의미한다(창 4:1 참조).
18 요 14:6을 함께 참조하라.
19 동시에 그리스도께서 팔레스타인 땅을 걷고 제자들과 대화하셨다는 사실 자체가 그의 인성을 대변한다(요 1:14 참조). 예수 그리스도가 '참 하나님이시요, 참 인간'이라는 칼케돈 공의회의 선언은 주후 451년의 것이지만, 그러한 기독론적 이해는 요한복음을 포함한 신약성경의 가르침에 그 뿌리를 둔다.
20 저자 요한은 그리스도의 십자가 죽음을 '높이 들림'이라는 이미지(보통 '영광' 내지는 '승귀'와 관련된 그림언어)를 통해 표현한 것으로 유명하다. 이에 대해서는 요 3:14-16; 8:28; 12:32-34를 살펴보라.
21 "내 것은 다 아버지의 것이요 아버지의 것은 내 것"(요 17:10)이라는 예수님의 말씀은 그의 신성에 대한 강력한 선언이다.
22 '하나 됨'의 주제는 요 17:19이하에서 더 확장된다.
23 앞서 요 13:18에서 인용되었던 시 41:9를 가리키는 것으로 보인다. "내가 신뢰하여 내 떡을 나눠 먹던 나의 가까운 친구도 나를 대적하여 그의 발꿈치를 들었나이다"(시 41:9).
24 여기서 '악'은 추상적인 개념으로서의 악보다는 인격적인 악의 세력, 즉 사단(과 그의 영향력)을 가리킨다(마 6:13 참조).
25 요 8:23을 참조하라.
26 요 17:17-18이 예시하는 대로, '성화(구별됨)는 사역/사명수행을 그 목적으로 한다.
27 여기서 '거룩하게 하다'는 예수님께서 하나님 아버지가 맡기신 사명을 위해 자신을 구별하신다는 의미다. 본 절(요 17:19)에서 '거룩하게 하다'라는 동사가 예수님에 대해 쓰일 때는 재귀대명사를 동반한 능동태가 사용된 반면, 제자들에 대해 쓰일 때는 수동태가 사용되었음에 주목할 필요가 있다. 즉, 예수님은 하나님 아버지께서 맡기신 사명수행을 위해 자신을 구별하셨다. 그리고 제자들은 예수님이 맡기신 사명을 위해 진리(즉, 말씀)를 통해 구별됨을 입게 된다(요 17:17). 예수님의 구별됨과 제자들의 구별됨 간에는(공통점뿐 아니라) 이같은 차이점이 존재한다.

더 깊은 이해를 위한 추가해설
Days 15-21(3주차)

28 요한복음에서 '세상'으로 번역된 헬라어 단어는 '코스모스'(κόσμος)이다. 이 단어는 문맥에 따라 다양한 뜻을 지닐 수 있다. 예를 들어, 우주(universe), 인류(mankind), 혹은 인류가 살고 있는 장소로서의 '세상' 등을 의미할 수 있다. 그런데 요한복음 내에서 이 단어는 하나님으로부터 분리되어 그분께 반역하는 인간들을 지칭하는 표현으로 주로 사용된다(예: 요 1:10; 3:16 참조).

29 요 10:16; 11:52를 참조하라.

30 여기서 '알게 하리니'(요 17:26)는 헬라어로 미래시제다. 그리스도께서 보혜사 성령을 통해서(요 14-16장 참조) 이 일을 계속 하시겠다고 말씀하신다.

31 물론 여기서 말하는 제자공동체의 '하나 됨'은 아무 기준없이 이래도 좋고, 저래도 좋다는 식의 무기준적 태도와는 거리가 멀다. 앞선 부분(요 17:15)에서 예수님은 제자들을 세상 가운데서 보전해주시고, 악한 자에서 구해 달라고 기도하신다. 예수님의 제자들은 세상의 방식이 아니라 세상으로부터 구별된 방식으로 하나 됨을 추구해야 한다.

이것을 너희에게 이르는 것은
너희로 내 안에서 평안을 누리게 하려 함이라
세상에서는 너희가 환난을 당하나
담대하라 내가 세상을 이기었노라(요 16:33)

22 DAY

사명을 위한 고난 부둥켜안기

오늘의 본문 요 18:1-11

1. 예수께서 이 말씀을 하시고 제자들과 함께 기드론 시내¹ 건너편으로 나가시니 그 곳에 동산²이 있는데 제자들과 함께 들어가시니라
2. 그 곳은 가끔 예수께서 제자들과 모이시는 곳이므로 예수를 파는 유다도 그 곳을 알더라
3. 유다가 군대³와 대제사장들과 바리새인들에게서 얻은 아랫사람들을 데리고 등과 횃불과 무기를 가지고 그리로 오는지라
4. 예수께서 그 당할 일을 다 아시고 나아가 이르시되 너희가 누구를 찾느냐
5. 대답하되 나사렛 예수라 하거늘 이르시되 내가 그⁴니라 하시니라 그를 파는 유다도 그들과 함께 섰더라
6. 예수께서 그들에게 내가 그니라 하실 때에 그들이 물러가서 땅에 엎드러지는지라⁵
7. 이에 다시 누구를 찾느냐고 물으신대 그들이 말하되 나사렛 예수라 하거늘
8. 예수께서 대답하시되 너희에게 내가 그니라 하였으니 나를 찾거든 이 사람들이 가는 것은 용납하라 하시니
9. 이는 아버지께서 내게 주신 자 중에서 하나도 잃지 아니하였사옵나이다 하신 말씀⁶을 응하게 하려 함이러라
10. 이에 시몬 베드로가 칼을 가졌는데 그것을 빼어 대제사장의 종을 쳐서 오른편 귀를 베어버리니 그 종의 이름은 말고라
11. 예수께서 베드로더러 이르시되 칼을 칼집에 꽂으라⁷ 아버지께서 주신 잔⁸을 내가 마시지 아니하겠느냐⁹ 하시니라

저자 해설 및 묵상

제가 여러 해 전 어느 영화에서 본 인상적인 장면이 기억납니다. 아군의 소대와 적군의 소대가 무장한 채로 한 식당 안에서 서로 마주칩니다. 좁은 공간에서 총을 쏘면 모두가 죽음을 피할 수 없습니다. 그래서 이들은 서로를 겨눌 뿐 방아쇠를 당기지 않습니다. 그런데 그 때 갑자기 테이블에서 빈 병이 떼구루루 구르기 시작합니다. 순식간에 적군과 아군 간에 긴장감이 극도로 고조됩니다. 이윽고 빈 병이 요란한 소리를 내며 바닥으로 떨어져 박살 납니다. 그와 동시에 적군과 아군이 자신들도 모르게, 서로를 향해 총질을 시작합니다.

오늘 본문(요 18:1-11)은 예수님이 체포되는 긴박감 넘치는 장면을 생생하게 묘사합니다. 예수님에 대해 강압적이고도 불법적인 체포가 시행되고, 그 와중에 다혈질인 베드로는 칼집에서 칼을 꺼내 마구 휘두릅니다. 베드로의 칼날에 대제사장의 종 말고의 귀가 잘리는 일까지 벌어집니다(요 18:10[26절 참조]). 만일 그 한복판에 제가 놓여 있다면 과연 어떻게 행동했을까요? "베드로는 그래도 양반이었네"하는 이야기가 나올 정도로 날뛰었을 것입니다.

생사가 왔다 갔다 하는 순간에는 누구나 극도로 민감해지고, 또 감당하기 어려운 내적 압박을 받기 때문에 작은 자극에도 극단적 반응이 나오기 마련입니다. 베드로처럼 말입니다. 그러나 바로 그런 와중에도 예수님은 일체의 반격을 거부하셨습니다. "예수께서 베드로더러 이르시되 칼을 칼집에 꽂으라"(요 18:11 상반절).

예수님은 어떻게 그렇게 반응하실 수 있었을까요? 그 답이 곧바로 이어지는 부분에 나타납니다. "예수께서 베드로더러 이르시되 칼을 칼집에 꽂으라 아버

저자 해설 및 묵상

지께서 주신 잔을 내가 마시지 아니하겠느냐 하시니라"(요 18:11[19:11 상반절 함께 참조]). 한 마디로 '사명' 때문이었습니다. 예수님께서는 자신에게 주어진 체포, 고통, 죽음으로 이어지는 '고난의 잔'을 마시는 것이 자신의 사명임을 확실히 아셨습니다. 그랬기에 묵묵히 고난의 자리를 향해 나아가실 수 있었습니다.

이것은 단순한 운명주의적 사고방식이나 무의미한 객기를 의미하지 않습니다. 예수님은 자신의 때가 아닌 상황에선 핍박의 상황을 피하셨습니다(예: 요 8:59). 그러나 예수님은 아버지께서 맡기신 사명을 감당하기 위해 반드시 겪어야 할 고난은 절대 회피하지 않으셨습니다(요 18:11).

자신에게 주어진 고난의 잔을 피하지 않고 마시신 예수님의 모습에서 우리는 사명을 받은 사람이 취해야 할 태도에 대해 생각해 보아야 합니다. 고난의 길은 누구나 걷기 어려운 길입니다. 하지만 우리들이 "나를 따르라"라고 명하신 주 예수님의 제자라면(요 1:43; 21:19, 22[12:26 참조]), 주님께서 우리게 맡기신 사명을 감당하기 위해 언제든 불편과 손해를 감수하겠다는 '대가지불'의 자세가 요구됩니다. 세상 죄를 지고 가는 일은 오직 '하나님의 어린 양'이신 예수님만 감당할 수 있는 것이지만(요 1:29), 주님이 고난의 잔을 사명의 관점에서 바라보셨다는 사실은 그를 따르는 모든 이들에게 시사하는 바가 매우 큽니다(막 10:38 참조). 예수님이 보내심을 받은 자로서 하나님 아버지께서 맡기신 사명을 위한 고난을 기꺼이 끌어안으셨듯, 주 예수님의 보내심을 받은 우리들은 주께서 맡기신 사명을 위해 거룩한 불편, 손해, 고난을 부둥켜안을 수 있어야 합니다(요 17:18; 20:21 참조).

묵상과 적용을 위한 질문

예수님은 하나님 아버지께서 맡기신 사명을 위해 십자가의 고난을 기꺼이 감당하셨습니다. 여러분은 주 예수님이 맡기신 사명을 위해 불편과 손해와 고난을 감당하고 있습니까? 그리고 그렇게 할 준비가 되어 있습니까?

___

___

___

 **나만의 묵상 메모**

___

___

___

 **저자와 함께 하는 한줄 기도**

주님이 우리에게 맡기신 사명을 위해서라면 불편, 손해, 고난마저 기꺼이 부둥켜안게 하소서.

기도와 결단

- 오늘 묵상한 말씀의 적용과 삶의 결단을 담아 자신의 기도를 적어보세요.

___

___

"드러내 놓고 세상에 말하였노라"

오늘의 본문 요 18:12-24

12 이에 군대와 천부장과 유대인의 아랫사람들이 예수를 잡아 결박하여
13 먼저 안나스[11]에게로 끌고 가니 안나스는 그 해의 대제사장인 가야바의 장인이라
14 가야바는 유대인들에게 한 사람이 백성을 위하여 죽는 것이 유익하다고 권고[12] 하던 자러라
15 시몬 베드로와 또 다른 제자 한 사람이 예수를 따르니 이 제자는 대제사장과 아는 사람이라 예수와 함께 대제사장[13]의 집 뜰에 들어가고
16 베드로는 문 밖에 서 있는지라 대제사장을 아는 그 다른 제자가 나가서 문 지키는 여자에게 말하여 베드로를 데리고 들어오니
17 문 지키는 여종이 베드로에게 말하되 너도 이 사람의 제자 중 하나가 아니냐 하니 그가 말하되 나는 아니라 하고
18 그 때가 추운 고로 종과 아랫사람들이 불을 피우고 서서 쬐니 베드로도 함께 서서 쬐더라
19 대제사장[14]이 예수에게 그의 제자들과 그의 교훈에 대하여 물으니
20 예수께서 대답하시되 내가 드러내 놓고 세상에 말하였노라 모든 유대인들이 모이는 회당과 성전에서 항상 가르쳤고 은밀하게는 아무 것도 말하지 아니하였거늘
21 어찌하여 내게 묻느냐 내가 무슨 말을 하였는지 들은 자들에게 물어 보라 그들이 내가 하던 말을 아느니라
22 이 말씀을 하시매 곁에 섰던 아랫사람 하나가 손으로 예수를 쳐 이르되[15] 네가 대제사장에게 이같이 대답하느냐 하니
23 예수께서 대답하시되 내가 말을 잘못하였으면 그 잘못한 것을 증언하라 바른 말을 하였으면 네가 어찌하여 나를 치느냐 하시더라[16]
24 안나스가 예수를 결박한 그대로 대제사장 가야바에게 보내니라

저자 해설 및 묵상

예수님의 심문 과정은 대제사장들을 위시한 당시 유대인 지도세력의 불법성과 은밀함을 보여줍니다.[17] 요한은 제대로 된 증거를 전혀 갖고 있지 않음에도 무죄한 예수를 강압과 폭력으로 대하는 안나스와 추종세력의 가학성을 고발합니다(요 18:22-23 참조). 대제사장들과 그들의 추종자들은 자신들의 예법을 준수하며, 나름 제의적 정결을 지키는 데는 열을 내고 있었지만(요 18:28[18]), 공의를 정면으로 부인하는 행동을 거듭함으로써 자신들의 영적 부정을 하나님 앞에서 드러냈습니다. 더욱이 유대종교지도자들이 예수님의 체포와 심리를 기습작전 하듯 어두운 시간에 시행한 것은 그들의 은밀함을 잘 보여줍니다.

이러한 유대 종교지도자들의 불법성과 은밀함과는 달리, 예수님에게서 우리는 공개적인 삶과 사역의 방식을 발견합니다. 예수님은 공적인 자리에서 떳떳이 사역했습니다(요 7:26 상반절: "보라 [예수가] 드러나게 말하되"). 실제로 우리는 예수님의 사역 기간을 공생애, 즉 공적인 삶(public life)으로 부릅니다.

예수님의 공적인(public) 사역방식은 그의 부활, 승천 후, 그리스도의 영(성령)을 힘입어 하나님 나라의 복음을 전했던 바울에게서도 보여집니다. 사도 바울은 그의 재판 과정 중 아그립바 왕 앞에서 다음과 같이 자신 있게 선언합니다. "왕께서는 이 일을 아시기로 내가 왕께 담대히 말하노니 이 일에 하나라도 아시지 못함이 없는 줄 믿나이다 이 일은 한쪽 구석에서 행한 것이 아니니이다"(행 26:26). 사도 바울은 그저 회심자나 동역자 몇 명을 은밀하게 모아놓고 남들에게는 못하는 비밀스러운 이야기를 그들에게 전한 것이 아닙니다. 바울은 오히려 사람들이 많이 모이는 공적이고 전략적인 장소(예: 회당, 아레오바고 등)을 찾아

| 저자 해설
| 및 묵상

거기서 복음을 전했습니다.

　예수님(과 바울)의 사역 방식은 하나님나라 사역의 공적인(public) 측면을 잘 보여줍니다. 특정한 사람을 보호하기 위해서 일을 은밀하게 진행해야 하는 경우가 있습니다(예: 마 1:19에서 요셉의 경우). 그런 경우 상대에 대한 배려와 돌봄의 차원에서 은밀하게 일을 진행할 수 있습니다. 또한, 자기과시에 중독된 세상 가운데 예수의 제자로서 '오른손이 하는 것을 왼손이 모르게' 구제하는 것은 분명 주께 칭찬받을 일입니다(마 6:3). 그러나 한 사람의 삶과 사역이 은밀함과 비밀스러움으로 규정되거나, 특징지어진다면 문제가 있습니다. 사실 많은 이단들이 그런 은밀함과 비밀스러움을 강하게 보여줍니다. 하지만, 정통교회를 섬기는 우리들 역시 때로 은밀함을 과도하게 좋아하는 것은 아닌지 예수님과 바울의 예를 통해 한 번 생각해 보면 좋겠습니다.

　아울러 우리의 과도한 은밀함이 하나님을 신뢰하지 못한 채 스스로 자신의 삶을 통제하려는 집착의 표현은 아닌지 자신을 살펴보면 좋겠습니다. 행여 과거의 상처와 실패에 지나치게 매인 탓에 지나친 은밀함을 선호하는 것은 아닌지 돌아보아야 합니다. 무언가 떳떳치 못한 것 때문에 은밀함을 정당화하는 것은 아닌지 솔직히 자신을 점검해 보면 유익할 것입니다.

　위에서 말한 대로 은밀함이 필요한 예외적 상황들도 있지만, 우리 주 예수님의 삶과 사역(그리고 바울의 예를 통해 보여지는 제자의 삶과 사역)은 근본적으로 공적(public)이며 타인과 사회를 향해 열려 있었음을 기억해야 합니다.

 **묵상과 적용을 위한 질문**

예수님의 삶과 사역은 근본적으로 공적이며 타인과 사회를 향해 열려 있었습니다. 당신의 삶과 사역은 어떻습니까? 지나치게 은밀히 숨기는 부분은 없습니까? 만약 있다면 그 이유는 무엇일까요?

_____
_____
_____

 **나만의 묵상 메모**

_____
_____
_____

 **저자와 함께 하는 한줄 기도**

주님이 우리에게 맡기신 사명을 위해서라면 불편, 손해, 고난마저 기꺼이 부둥켜안게 하소서.

기도와 결단

• 오늘 묵상한 말씀의 적용과 삶의 결단을 담아 자신의 기도를 적어보세요.

_____
_____

베드로의 부인(Peter's Denial)

오늘의 본문 요 18:15-27

15 시몬 베드로와 또 다른 제자 한 사람이 예수를 따르니 이 제자는 대제사장과 아는 사람이라 예수와 함께 대제사장의 집 뜰에 들어가고
16 베드로는 문 밖에 서 있는지라 대제사장을 아는 그 다른 제자가 나가서 문 지키는 여자에게 말하여 베드로를 데리고 들어오니
17 문 지키는 여종이 베드로에게 말하되 너도 이 사람의 제자 중 하나가 아니냐 하니 그가 말하되 나는 아니라 하고
18 그 때가 추운 고로 종과 아랫사람들이 불을 피우고 서서 쬐니 [19] 베드로도 함께 서서 쬐더라
[중략]
25 시몬 베드로가 서서 불을 쬐더니 사람들이 묻되 너도 그 제자 중 하나가 아니냐 베드로가 부인하여 이르되 나는 아니라 하니
26 대제사장의 종 하나는 베드로에게 귀를 잘린 사람의 친척이라 이르되 네가 그 사람과 함께 동산에 있는 것을 내가 보지 아니하였느냐
27 이에 베드로가 또 부인하니 곧 닭이 울더라 [20]

저자 해설 및 묵상

요한은 예수님이 대제사장 앞에 서서 심문 받으시는 장면(요 18:12-14, 19-24)과 베드로가 군중 사이에서 '심문'받는 장면(요 18:15-18, 25-27)을 상호교차 방식으로 보여줍니다. 요약하면 다음과 같은 순서입니다. 예수님의 심문I(요 18:12-14)-베드로의 심문I(요 18:15-18)-예수님의 심문II(요 18:19-24)-베드로의 심문II(요 18:25-27). 이러한 교차배열을 통해 저자 요한은 예수님의 심문과 베드로의 심문을 서로 비교, 대조합니다. 예수님은 자신의 정체성에 대한 질문에 긍정(헬라어: 에고 에이미[I am])으로 답하십니다. 반면, 베드로는 자신이 예수의 제자임을 거듭 부정합니다(헬라어: 우크 에이미[I am not]). 예수님은 자신의 모습 그대로를 인정합니다. 하지만 베드로는 자기의 모습을 계속 부정(즉, 예수님의 제자임을 부인)합니다.

베드로는 예수님과의 관계를 3번 거듭 부인합니다. 그런데 숫자 '3'은 완전수이기에 3번 주님과의 관계를 부인했다는 것은 '완전히' 부인했다는 의미로도 해석이 가능합니다. 그런데 예수님은 앞서 이같은 베드로의 부인을 예언하셨습니다.

"시몬 베드로가 이르되 주여 어디로 가시나이까 예수께서 대답하시되 내가 가는 곳에 네가 지금은 따라올 수 없으나 후에는 따라오리라 베드로가 이르되 주여 내가 지금은 어찌하여 따라갈 수 없나이까 주를 위하여 내 목숨을 버리겠나이다 예수께서 대답하시되 네가 나를 위하여 네 목숨을 버리겠느냐 내가 진실로 진실로 네게 이르노니 닭 울기 전에 네가 세 번 나를 부인하리라"(요 13:36-38).

저자 해설 및 묵상

"주를 위하여 내 목숨을 버리겠나이다"(요 13:37)라고 당당히 고백했던 베드로가 닭이 울기 전에 주님과의 관계를 세 번이나 계속 부인할 확률을 따져 보십시오. 상식선에서 계산해 보면, 베드로가 세 번에나 주를 부인할 확률도 적을 뿐더러, 설사 베드로가 부인한다손 치더라도 그것과 상관 없이 닭이 먼저 울 확률이 훨씬 더 높을 것입니다(아마 라스베가스의 도박사들도 99:1의 비율로 닭이 먼저 우는 쪽에 걸었을 것입니다!). 그러나 베드로는 '주를 위해 죽을 각오가 되어 있다'는 그의 당당한 고백이 무색할 만큼 주님과의 관계를 전면 부인하고 맙니다. 예수님과의 관계를 부인하는 베드로의 처절한 실패에서 큰 소리 쳐놓고 뒷감당 못하는 우리의 자화상을 봅니다.

그러나 베드로 이야기가 여기서 끝은 아닙니다. 부활 후 세번째로 베드로와 다른 사도들을 찾아 주셨을 때, 주님은 "네가 나를 사랑하느냐?"는 세 번에 걸친 질문을 통해 세 번 자신을 부인했던 베드로를 회복시켜 주십니다(요 21:15-17). 그래서 우리에게 희망이 있습니다. 주님이 참으로 사랑과 은혜와 긍휼이 풍성하신 분이시기에 우리는 결코 소망 없는 존재가 아닙니다. 우리는 베드로를 실패자 혹은 변절자로 기억하지 않고, 순교자로 기억합니다. 실패한 제자 베드로를 다시 세워 순교자로 빚어 가신 주님의 은혜에 우리의 실패와 연약함을, 그리고 우리의 삶 전부를 내어 맡기시기 바랍니다(요 21:18-19 참조).

묵상과 적용을 위한 질문

실패한 제자 베드로를 다시 일으켜 세워 순교자로 빚어 가신 예수 그리스도의 은혜가 오늘 당신의 삶 가운데 어떤 의미로 다가옵니까?

_____
_____
_____

 **나만의 묵상 메모**

_____
_____
_____

 **저자와 함께 하는 한줄 기도**

실패자 베드로를 회복시켜 순교자로 빚으신 주님의 은혜에 제 삶을 내맡기게 하소서.

기도와 결단

• 오늘 묵상한 말씀의 적용과 삶의 결단을 담아 자신의 기도를 적어보세요.

_____
_____

예수님이 십자가에 죽으신 이유

오늘의 본문 요 18:28-32

28 그들이 예수를 가야바에게서 관정[21]으로 끌고 가니 새벽이라 그들은 더럽힘을 받지 아니하고 유월절 잔치를 먹고자 하여[22] 관정에 들어가지 아니하더라
29 그러므로 빌라도[23]가 밖으로 나가서 그들에게 말하되 너희가 무슨 일로 이 사람을 고발하느냐
30 대답하여 이르되 이 사람이 행악자가 아니었더라면 우리가 당신에게 넘기지 아니하였겠나이다
31 빌라도가 이르되 너희가 그를 데려다가 너희 법대로 재판하라[24] 유대인들이 이르되 우리에게는 사람을 죽이는 권한이 없나이다 하니[25]
32 이는 예수께서 자기가 어떠한 죽음으로[26] 죽을 것을 가리켜 하신 말씀을 응하게[27] 하려 함이러라

저자 해설 및 묵상

성전 지도자들과 그 추종세력들은 제의적 청결 유지에 세심하게 노력했습니다(요 18:28). 하지만 그들은 무죄한 예수를 죽이기 위해 온갖 부당한 방법을 동원했습니다(요 18-19). 구약의 선지자들은 종교적 형식에 집착하면서 형식이 추구하고자 했던 정신을 상실한 모습을 신랄하게 질타했습니다(예: 사 58장). 주 예수님께서도 그에 대해 분명하고 강력하게 비판하셨습니다(예: 마 23장).

종교지도자들에 의해 선동된 군중들은 나사렛 예수를 십자가에 못 박으라고 빌라도를 압박합니다. 그들이 총독 빌라도의 재가가 필요한 십자가형을 선택한 데는 특별한 이유가 있어 보입니다. 유대 종교지도자들은 나사렛 예수를 십자가에 못 박음으로써, 그를 '나무에 달려 죽은 자'('하나님께 저주 받은 자')로 만들기 원했습니다(신 21 21-23, 특히 23절).[28] 그렇게 예수를 하나님의 저주 받은 자로 낙인 찍어, 그를 가짜 메시아로 확증하고, 그를 따르는 무리를 와해시키려는 생각이었습니다. 예수가 십자가에 못 박히는 순간 그들은 자신들의 계획이 성공했다고 분명 확신했을 것입니다.

하지만 하나님의 경륜과 섭리 안에서 예수가 십자가에서 죽어야 했던 그 '저주스러운' 죽음이 도리어 구원의 원천임이 드러났습니다(갈 3:13). 주님의 부활을 기점으로 예수운동이 사그러지기는 커녕 로마 제국을 관통하고, 나아가 전세계를 강타하는 무브먼트(movement)가 되었습니다. 가말리엘이 말했던 대로, 하나님으로부터 난 것을 결코 사람이 무너뜨릴 순 없었습니다(행 5:39).

예수님의 십자가 죽음을 단지 당시 정치-종교지형에서만 생각하면 유대 종교지도자들이 예수를 가짜 메시아로 낙인찍어 추종세력을 와해하기 위해 십자가

저자 해설 및 묵상

처형을 주장했다고 볼 수 있습니다(요 19:6). 또 가룟 유다는 그런 종교권력자들과 은밀히 합작했습니다. 또 그러한 합작의 배후에는 사단의 역사가 도사리고 있었습니다.

그러나 종교권력자들의 적대감, 측근의 배신, 사단의 음모의 연동 너머에 하나님의 신비로운 경륜과 섭리가 있음을 놓쳐선 안 됩니다. 하나님의 경륜과 섭리의 관점에서, 예수의 그 '저주스러운' 죽음(신 21:23)은 바로 우리의 구원을 가져오는 사건이었습니다. 예수 그리스도께서 나무에 달려(율법의) 저주를 받으신 이유는 바로 우리가 받아야 할 저주를 대신 받고, 우리에게 의로움과 생명을 주는 '대속'을 위함이었습니다(고후 5:21 참조). 예수님은 그저 아무것도 모르고 정치적으로 희생 당하신 분이 아닙니다. 하나님이 예수님을 십자가에 죽이심으로서 자신의 거룩한 구원의 역사를 완성하셨습니다! 할렐루야!

인간의 책임이란 관점에서 보면, 예수님의 죽음은 가룟 유대의 배신과 종교권력자들의 배척과 연결 지어 설명이 가능합니다. 아울러 그들이 사단의 일꾼 노릇을 했음도 간과해선 안 됩니다. 그러나 하나님의 주권적 경륜과 섭리의 관점에서, 예수님이 십자가에서 죽으신 이유는 바로 우리를 죄에서 구원하기 위함입니다(고후 5:21; 갈 3:13).[29] 만일 이것을 놓친 채 예수님이 십자가에서 죽은 이유를 이야기한다면, 그 이야기는 결국 공허한 것으로 남을 수밖에 없습니다. 오늘 하루 공중 앞에 처음 등장하는 예수님에 대한 침(세)례요한의 선포를 깊이 묵상하면 좋겠습니다. "보라 세상 죄를 지고 가는 하나님의 어린 양이로다"(요 1:29) 우리 죄를 십자가에서 대신 지신 하나님의 어린 양께 주목하는 오늘 하루가 되시기 바랍니다(계4-5장 참조).

묵상과 적용을 위한 질문

예수님의 십자가 죽음이 바로 당신을 위한 것임을 오늘 붙잡습니까? 예수님이 바로 당신의 죄 때문에 십자가에서 대신 죽으신 것으로 인하여 오늘 감격과 감사가 넘칩니까?

_____
_____
_____

 **나만의 묵상 메모**

_____
_____

 **저자와 함께 하는 한줄 기도**

나를 죄에서 구원하기 위해 예수님이 십자가에서 죽으신 것으로 인해 감격하는 인생 되게 하소서.

기도와 결단

- 오늘 묵상한 말씀의 적용과 삶의 결단을 담아 자신의 기도를 적어보세요.

_____
_____

참된 왕 예수의 나라

오늘의 본문 요 18:33-38 상반절

33 이에 빌라도가 다시 관정에 들어가 예수를 불러 이르되 네가 유대인의 왕[30]이냐
34 예수께서 대답하시되 이는 네가 스스로 하는 말이냐 다른 사람들이 나에 대하여 네게 한 말이냐
35 빌라도가 대답하되 내가 유대인이냐 네 나라 사람과 대제사장들이 너를 내게 넘겼으니 네가 무엇을 하였느냐
36 예수께서 대답하시되 내 나라는 이 세상에 속한 것이 아니니라 만일 내 나라가 이 세상에 속한 것이었더라면 내 종들이 싸워 나로 유대인들에게 넘겨지지 않게 하였으리라 이제 내 나라는 여기에 속한 것이 아니니라
37 빌라도가 이르되 그러면 네가 왕이 아니냐 예수께서 대답하시되 네 말과 같이 내가 왕이니라 내가 이를 위하여 태어났으며 이를 위하여 세상에 왔나니 곧 진리에 대하여 증언하려 함이로라 무릇 진리에 속한 자는 내 음성을 듣느니라 하신대
38 빌라도가 이르되 진리[31]가 무엇이냐 하더라

저자 해설 및 묵상

오늘 본문은 빌라도가 예수를 심문하는 장면을 생생히 그립니다. 빌라도와 예수 간의 대화를 보면 심문을 받는 예수가 아니라 그를 심문하는 빌라도가 긴장하고 당혹해 하는 것으로 보입니다. 아이러니하게도 누가 누구를 심문하는지 잘 모르겠다는 생각마저 스칩니다. 빌라도는 예수에게 "네가 유대인의 왕이냐?"고 질문합니다. 그에 대해 예수는 "이는 네가 스스로 하는 말이냐 다른 사람들이 나에 대하여 네게 한 말이냐?"라고 응답합니다. 예수는 총독 빌라도가 어떤 의미에서 '유대인의 왕'이라는 호칭을 사용하는지에 대해 되물으신 것입니다. 예수는 구약이 예언한 바로 그 메시아이고, 그런 뜻에서 그는 분명 '유대인의 왕'입니다. 하지만 예수는 로마정부에 반기를 든 혁명가 내지는 반역자라는 뜻의 '유대인의 왕' 호칭은 거부하십니다. 아울러 예수님은 자신의 '나라'에 대해 언급하시는데(요 18:36), 빌라도가 그에 대해 전혀 감을 잡지 못하고 있음을 봅니다(37-38절).

우리는 세계사를 통해 한 왕조, 혹은 통치체제는 영속적이지 않다는 사실을 알고 있습니다. 그 존속기간이 상대적으로 길든 짧든 간에, 아무리 잘 나가던 왕조나 통치체제도 얼마의 시간이 지나면 결국 다른 세력에 의해 대체되어 역사의 뒤안길로 사라지는 것이 역사의 절대 법칙입니다. 사실 적수가 없어 보이던 강국들이 허무하게 쉽사리 무너지는 일도 그리 드물지만은 않습니다.

예수님이 빌라도 앞에서 자신의 나라('내 나라'[36절])를 말씀하신 것은 막강한 군사력을 앞세웠던 로마제국을 대체하는 새로운 통치체제를 의미하지 않습니다.[32] 예수님은 그와 차원이 전혀 다른 영속적인 통치체제, 즉 '하나님의 나라'(요 3:3, 5[단 7:14 참조])에 대해 말씀하고 있습니다.

저자 해설 및 묵상

하나님의 나라(하나님의 통치)는 그 어떤 나라와도 비교될 수 없습니다. 하나님의 나라는 언젠가는 멸절될 또 하나의 통치체제가 아닙니다. 엄밀한 뜻에서 하나님의 '뜻이 하늘에서 이루어진 것 같이 땅에서도 이뤄지는'(마 6:10[계 21:1-22:5 참조]) 구원의 완성이 오기 전에는 하나님의 나라와 동일한 가치를 지닌 통치체제가 존재할 수 없습니다.

그렇기에 하나님의 나라를 현존하는 어떤 체제의 지원세력 혹은 반대세력과 단순한 방식으로 결탁시키거나 그와 직접 동일시하는 것은 위험합니다. 그리스도의 나라는 그런 식의 이분법적이고 단순한 도식을 뛰어넘는 영광스러운 실체입니다. 하나님의 나라가 현재의 삶 가운데 미치는 영향과 그 변혁의 능력을 무시해선 안 됩니다. 하지만 주님의 통치가 현실에서 우리가 중요시 여기는 것들과 정확히 중첩되는 식으로 생각하고 기대하는 것 역시 매우 심각한 문제라 말하지 않을 수 없습니다.

오늘 예수님의 나라, 즉 하나님의 나라에 대해 깊이 생각하기 바랍니다. 예수님의 통치, 즉 하나님의 통치에 대해 묵상하시기 바랍니다. 주님의 나라가 우리의 삶을 궁극적으로 통치하고 있는지 삶을 돌아보십시오. 만약 그렇지 않다면, 무언가 놓치고 있는 것이 분명합니다. 열정적이고 헌신적으로 사시기 바랍니다. 그러나 우리가 궁극적으로 헌신해야 할 체제는 주님의 나라임을 꼭 잊지 마십시오. 바울이 옳았습니다! 우리의 시민권은 하늘에 있습니다(빌 3:20).

묵상과 적용을 위한 질문

당신은 예수 그리스도의 나라(하나님의 나라)에 궁극적으로 헌신하고 있습니까?

 **나만의 묵상 메모**

 **저자와 함께 하는 한줄 기도**

여러 담론들의 홍수 속에서 살지만 주님의 나라에 궁극적으로 헌신되어 살게 하소서.

기도와 결단

- 오늘 묵상한 말씀의 적용과 삶의 결단을 담아 자신의 기도를 적어보세요.

예수와 바라바 그리고 죄수의 대체

오늘의 본문 요 18:38하반절 - 18:40

38 이 말을 하고 다시 유대인들에게 나가서 이르되 나는 그에게서 아무 죄도 찾지 못하였노라
39 유월절이면 내가 너희에게 한 사람을 놓아 주는 전례가 있으니 그러면 너희는 내가 유대인의 왕을 너희에게 놓아 주기를 원하느냐 하니
40 그들이 또 소리 질러 이르되 이 사람이 아니라 바라바라 하니 바라바는 강도였더라

저자 해설 및 묵상

유대 종교 지도자들의 고발과 달리, 예수가 로마황제에 대한 반역 혐의가 없음을 간파한 빌라도는 유월절을 맞아 '한 사람을 놓아 주는 전례'(요 18:39)를 통해 예수를 풀어주고자 했습니다. 여기서 언급된 전례는 판결에 앞서 특사로 석방하는 조치를 가리킵니다. 하지만, 유대종교지도자들과 추종세력은 예수가 아니라 바라바라는 '강도'의 석방을 요청합니다.

"그들이 또 소리 질러 이르되 이 사람이 아니라 바라바 하니 바라바는 강도였더라"(요 18:40).

여기서 '강도'(요 18:40)라는 호칭은 유대인의 시각에서 보면 혁명가, 그리고 로마제국의 시각에서 보면 테러범을 의미합니다. 총독 빌라도는 예수가 아무 혐의가 없음을 알았으며, 바라바 같은 인물이 로마 정부에게 위험한 존재라고 느꼈을 것입니다(요 18:38-39; 19:4 참조).

대제사장들은 곧 "가이사 외에는 우리에게 왕이 없나이다"라며 로마 황제에 대한 충성을 선언합니다(요 19:15). 그러나 로마 황제에 대한 충성을 노래하는 이 대제사장들은 정작 로마에 대항하는 폭동에 참여하고 살인을 행한 바라바(막 15:7; 눅 23:19; 행 3:14)를 특사로 풀어주도록 빌라도에게 요청합니다. 그리고 무죄한 예수를 로마 황제에 대항하는 반역자(자칭 유대인의 왕)로 매도합니다. 바라바는 풀려나고(막 15:15) 예수가 사형언도를 받는 것은 말 그대로 모순입니다.

오늘 본문과 직접 관계된 것은 아니지만, 이 시점에서 또 다른 '모순'에 대해

저자 해설
및 묵상

잠시 생각해 봅시다. 이는 방금 말한 대로 오늘 본문과 직접적인 관계가 있는 것은 아니지만 죄수의 대체(substitution)라는 면에서 통하는 바가 있습니다. 우리는 종종 '예수님이 나를 대신해서 십자가에서 죽으셨다'고 고백합니다. 그런 고백을 담은 찬송과 기도를 자주 접합니다. 그러나 그런 고백에 너무 익숙해진 나머지 예수님이 나를 대신해서 십자가에서 죽지 않으셨다면 내가 스스로 내 죄값을 직접 치러야 했다는 사실을 망각합니다. 신학적으로 혹은 신앙고백의 형식에서 이를 다 망각하지는 않더라도 이 엄중한 사실의 무게를 약화시키거나 적절히 회피하곤 합니다. 그런 가운데 십자가의 대속에 대한 감사와 감격이 껍데기만 남기도 합니다.

내가 내 죄를 감당하고 죽어야 마땅했지만 죄 없으신 예수님이 내 대신 죄를 지신 사건(요 1:29)이 모순적으로 보일 수 있습니다. 하지만 그 사건에 이면에는 '세상을 이처럼 사랑하사 독생자를 내어 주신' 하나님의 사랑(요 3:16), 그리고 '양을 위하여 목숨을 기꺼이 버리는' 선한 목자 예수님의 사랑(요 10:15)이 존재합니다. 우리를 대신하여 예수님이 십자가를 지신 '모순'이 복음에 대한 우리의 이해를 더 명확하게 해 줍니다. 또한 이 '모순'이 우리의 심장을 다시 뛰게 하는 역사가 있길 간절히 바랍니다.

묵상과 적용을 위한 질문

예수님이 십자가에서 대신 죽지 않았다면 바로 당신이 그 죄값을 직접 감당해야 했다는 사실을 직시하고 계시나요? 그리스도의 십자가 대속에 대한 감사와 감격이 오늘 당신의 마음과 삶을 주장하고 있나요?

_____

_____

_____

 **나만의 묵상 메모**

_____

_____

 **저자와 함께 하는 한줄 기도**

내 무거운 죄의 짐을 예수님이 대신 지고 십자가에서 죽으셨음으로 인해 감격이 넘치게 하소서.

기도와 결단

• 오늘 묵상한 말씀의 적용과 삶의 결단을 담아 자신의 기도를 적어보세요.

_____

_____

더 깊은 묵상과 기도(Ⅳ)

오늘의 본문 요 18장 전체

오늘은 지난 6일(Day 22 - Day 27)간 묵상했던 본문을 다시 한 번 더 깊이 묵상하며, 기도의 자리로 나아가는 날입니다. 먼저 오늘의 본문을 2회 이상 천천히 기도하는 마음으로 읽으시고 그 가운데 주님의 인도하심을 따라 더 깊이 있는 말씀 묵상과, 기도의 자리로 나아가시기 바랍니다. 다음의 질문들이 묵상과 기도에 도움이 되실 것입니다.

- 오늘 말씀 묵상을 통해 지난 6일간 묵상했던 내용 중 특별히 더 주목되는 부분은 무엇입니까? 지난 6일간 새롭게 깨닫게 된 부분은 무엇입니까?

_____
_____
_____

- 지난 6일간 깨달은 내용 중 그간 실천한 것은 무엇입니까? 그렇게 실천하는 과정에서 무엇을 새롭게 경험했습니까?

_____
_____
_____

- 실천하는 과정에서 어려웠던 것은 또 무엇입니까? 지난 6일간 깨달은 내용 중 제대로 실천하지 못 했거나 잊어버렸던 것은 무엇입니까?

___

- 지난 6일간 깨달은 것과 실천할 수 있었던 것에 대해 주님께 감사의 기도와 찬양을 드리시기 바랍니다. 아직 실천하지 않고 있거나 실천하면서 어려움이 있는 것들에 대해 주님께서 힘을 주셔서 실천할 수 있게 해 달라고 간구하세요.

___

- 그 외의 묵상 내용과 기도에 대해서 자유롭게 적어보세요.

더 깊은 묵상	더 깊은 기도

더 깊은 이해를 위한 추가해설
Days 22-28(4주차)

1. '기드론 시내'는 예루살렘의 동쪽에 위치했다.
2. 여기 '동산'은 겟세마네를 가리킨다(막 14:32 참조).
3. 아마도 성전수비대를 가리키는 것으로 보인다.
4. 이사야서(70인역[헬라어로 기록되어 있음])에서 '내가 그로' 번역된 표현(ἐγώ εἰμι[에고 에이미])은 거듭 여호와 하나님을 지칭하는데 쓰였다. 저자 요한은 그의 복음서에서 이 표현을 예수 그리스도를 가리킬 때 사용한다(예: 요 8:58). 그렇게 함으로써 저자 요한은 예수 그리스도의 신적 정체성을 강력하게 암시한다(출 3:14참조).
5. "그들이 물러가서 땅에 엎드러지는지라"(요 18:6) 부분은 예수를 체포하러 온 자들이 그의 권위와 당당함 앞에 압도되었음을 보여준다. 구약에서 땅에 엎드리는 것은 신적 계시에 대한 일반적인 반응이었다. 예를 들어, 겔 1:28; 단 8:18을 보라. 신약에서는 계 1:17(행9:4 참조)을 참조하라. 그렇게 볼 때, 저자 요한은 예수를 체포하러 온 이들이 엎드러지는 장면에 주목함으로써 그리스도의 신성을 암시하고 있는 것으로 볼 수 있다.
6. 이 말씀("아버지께서 내게 주신 자 중에서 하나도 잃지 아니하였사옵나이다")은 요 17:12을 가리킨다. 예수님이 앞서 하신 말씀이 성취되는 것을 언급할 때 구약성경이 성취되는 것과 같은 공식이 사용된 것은 저자 요한이 근본적으로 예수님의 말씀을 구약성경과 동일선상에서 취급했음을 암시해 준다(요 2:22: '성경과 예수께서 하신 말씀'). 이같은 요한의 취급방식은 예수 그리스도의 신적 정체성에 대한 강력한 암시다.
7. 베드로의 무력 사용을 막으신 일(요 18:11)은 주 예수의 '나라'(36-37절)가 가진 성격이 로마제국(을 비롯한 이 세상의 나라)의 성격과는 완연히 다르다는 사실을 입증한다.
8. 구약에서 '잔'은 종종 하나님의 진노/심판에 대한 은유적 표현이다(예: 사 51:17이하). 이 문맥에서 '잔'은 예수님이 감당하게 될 십자가의 죽음을 가리킨다.
9. "아버지께서 주신 잔을 내가 마시지 아니하겠느냐"(이는 수사학적 질문임)의 헬라어 원문은 강조용법을 사용한다.
10. 누가복음에 따르면, 예수님은 심지어 자신을 체포하러 온 일행 중 하나인 이 대제사장의 종의 귀를 친히 만져 고쳐 주셨다(눅 22:51).
11. 안나스는 AD 6-15에 대제사장으로 활동하다가 로마에 의해 면직당했다. 대제사장은 당시 1세기 유대교 내에서 가장 권위있는 직책이었다. 대제사장직은 본래 종신직이었으나 로마는 자신들의 구미에 따라 대제사장을 면직하곤 했다. 로마가 안나스를 면직한 후에 그것이 적법하지 않

더 깊은 이해를 위한 추가해설
Days 22-28(4주차)

다고 생각하는 유대인들이 많이 있었으며 안나스는 면직 후에도 여전히 당시 유대교의 '실세'로서 막강한 영향력을 행사하고 있었다. 예수의 심문 과정이 안나스의 집에서 벌어졌다는 사실 역시 면직된 대제사장 안나스의 막대한 영향력과 정치력을 암시한다.

12 요 11:49-50을 보라.
13 여기서 '대제사장'(요 18:15)은 안나스를 가리킨다. 요 18:24(안나스가 예수를 가야바에게 보냄)는 당시 로마가 인정하는 대제사장이었던 가야바가 안나스의 집에서 벌어진 예수의 심문에는 참여하지 않았음을 보여준다.
14 당시 로마가 인정하는 공식적인 대제사장은 안나스의 사위인 가야바였다(요 18:13, 24). 저자 요한은 당시의 일반적인 관례를 따라 가장 영향력 있는 복수의 고위급 제사장들(안나스 가문의 제사장들)에게 '대제사장'이란 호칭을 공통적으로 사용했다.
15 불법적 구타는 안나스가 집행한 예수님에 대한 심문(19-24절)이 갖고 있는 학대적 및 폭력적 요소를 드러낸다.
16 여기서 예수님은 출 22:28을 위반하지 않으셨다. 예수님은 정당하게 문제를 제기하신다. 그래서 행 23:3-5에 기록된 바울의 경우와 달리, 예수님은 본인이 한 말을 정정하실 필요가 없었다.
17 당시 적법한 심문절차를 따랐다면 먼저 증인들(피고를 변호하는 증인과 피고를 고발하는 증인들)을 심문한 뒤 피고인을 신고해야 했다. 하지만 이런 절차는 완전히 무시되었다. 아울러 사형사건을 다룸에 있어서 여러 재판관이 참여해 심리해야 했고 개인적 심문을 벌일 수 없었다. 하지만 막강한 종교-정치적 세도가였던 안나스는 예수를 대상으로 개인 심문을 벌인다.
18 "그들이 예수를 가야바에게서 관정으로 끌고 가니 새벽이라 그들은 더럽힘을 받지 아니하고 유월절 잔치를 먹고자 하여 관정에 들어가지 아니하더라"(요 18:28). 이 부분에서 유대인들은 자신들이 관정에 들어가면 예법상 부정하게 되어 유월절 잔치에 참여할 수 없게 되므로 이를 피했다.
19 추워서 불을 쬐었다는 사실은 이 때가 밤이었음을 알려준다. 유월절 전후 예루살렘의 낮 시간은 따뜻하다.
20 닭 울기 전에 베드로가 예수님과의 관계를 세 번 부인한 것은 요 13:38에 기록된 예수님의 예언의 성취다.
21 로마 총독이 명절 때 소요나 폭동에 대비하여 예루살렘을 방문할 때 머물던 곳으로 원래는 헤롯 대왕의 옛 궁전이었다. 평시에 로마 총독은 가이사랴에 머물렀다.

더 깊은 이해를 위한 추가해설
Days 22-28(4주차)

22 공관복음과 요한복음의 날짜 계산 상의 차이는 잘 알려져 있다. 공관복음에 따르면, 예수님이 체포되시기 전에 이미 유월절 식사를 제자들과 함께 마치셨다. 한편, 요한복음에 따르면, 체포 되신 후의 시점이 유월절 식사 시간 전으로 기록되어 있다. 공관복음 저자들과 요한이 모든 세부사항을 다 이야기해 주는 것이 아니기에 우리가 복음서 저자들의 날짜계산방식에 대해 최종적인 결론을 내리기는 어렵겠지만, 아마도 다양한 유대인 그룹들 가운데 복수의 달력(calendar)이 존재했고 요한이 공관복음저자들과는 다른 달력을 사용해서 날짜를 계산했을 것으로 추측해 볼 수 있다.

23 빌라도는 로마 황제로부터 파견 받아 사마리아 및 유대의 총독으로 AD 26-36에 걸쳐 활동했다. 그는 주로 가이사랴에 머물렀으나 유대인들의 명절에는 소요나 폭동 상황에 대처하기 위한 준비차원에서 예루살렘에 와 있었다. 당시 로마 제국의 입장에서 보면, 유대 땅은 폭동과 소요가 잦으며 통치하기에 어려운 골칫거리였다.

24 행 18:15를 참조하라.

25 당시 '공회'(산헤드린)는 72인으로 구성된 유대인의 주요 결정 기구였다. 자체적으로 왕이 없는 상황에서 공회는 정치-종교의 문제에 관해 유대인 사회의 최고권력기구로 기능했다. 그러나 공회는 사형을 자체적으로 집행할 권한이 없었다(혹시 유일한 예외가 있었다면, 이방인이 성전 안뜰에 난입하는 경우뿐이었을 것이다). 그렇기에 대제사장들을 위시한 유대종교지도자들은 빌라도에게 예수를 끌고 가 사형(십자가형)을 구형할 것을 요구했다.

26 요 18:32에서 '어떠한 죽음으로'로 번역된 부분은 헬라어로 '포이오 싸나토'(ποίῳ θανάτῳ)인데, 이 표현은 신약성경 내에서 오직 요한복음에만 세 차례 등장한다. 요 12:33; 18:32; 21:19에 각각 사용되는데, 그 중 첫 번째인 12:33과 두 번째인 18:32에서 이 표현은 예수님의 십자가 처형을 가리킨다. 세 번째인 요 21:19에서는 베드로의 죽음에 대해 언급하는 맥락에서 그가 장차 십자가에 거꾸로 달려 순교할 것을 가리킨다.

27 저자 요한은 여기서 구약의 성취 공식과 비슷한 표현을 예수가 했던 말의 성취에 적용한다. 이를 통해 간접적으로 예수의 신적 정체성과 권위를 강조한다.

28 로마인의 관점에서 십자가형은 로마 황제에 대항한 정치범에 대한 잔인무도한 공개처형이었다. 십자가형은 그 집행 광경이 너무나 끔찍해서 로마 시민들은 사교(fellowship)의 자리에서 십자가형에 대해 말하는 것을 금기(taboo)시 할 정도였다.

29 예수님의 십자가 처형에 대해 이해함에 있어 하나님의 주권적 계획과 인간(가룟 유다, 빌라도, 유대 종교 지도자들, 군중)의 책임을 동시에 고려해야 한다(행 2:23). 하나님의 주권적 섭리와 인간의 책임은 신비롭

더 깊은 이해를 위한 추가해설

Days 22-28(4주차)

게 공존(compatible)한다. 신, 구약 성경은 그리고 고대 유다교는 하나님의 주권과 인간의 책임 모두를 인정한다. 이 둘의 공존을 (신비가 아니라) 비일관성으로 보는 것은 성경적 관점과는 다른 어떤 세계관을 반영하는 것이다. 물론 하나님의 주권과 인간의 책임이 서로 어떻게 연동하는가를 우리의 제한된 이해력으로 다 헤아릴 수는 없다. 삼위일체, 그리스도의 신성과 인성, 하나님의 주권과 인간의 책임 등 가장 핵심적인 기독교 교리들이 신비를 내포하고 있음을 우리는 겸허히 인정해야 한다. 우리가 이것들을 다 헤아릴 수 없다고 해서 하나님께서도 역시 헤아리실 수 없다는 뜻이 결코 아님을 분명히 기억해야 한다!

30 1세기 당시 많은 유대인들은 다윗적 메시아(Davidic Messiah)를 기대했다. 이들은 다윗 가문의 왕적 메시아가 이스라엘을 회복시켜줄 것을 고대하고 있었다. 이스라엘의 종교지도자들은 참된 왕적 메시아이신 예수님을 거부한다. 한편, 로마의 입장에서 '유대인의 왕'이란 호칭은 로마황제에 대한 반역을 의미했는데, '대제사장들'과 그들의 추종세력들은 이 점을 악용해서 예수를 '자칭 유대인의 왕'(즉, 로마황제에 대한 반역자)으로 몰아 고발하고, 그를 십자가에 처형하고자 집중적 노력을 기울인다. 요 18:34를 참조하라.

31 아마도 빌라도는 여기서 '진리'(요 18:38)라는 단어를 언급할 때 그리스-로마의 철학자들에 대해 생각했을 것이다. 그러나 구약성경과 유대적 배경에서 '진리'는 하나님의 신실하신 언약준수와 연관해서 이해되어야 한다(요 13:37).

32 일찍이 예수님이 오병이어의 기적을 베푸셨을 때(요 6:1-14), 사람들은 그를 왕으로 삼고자 했다. 그러나 예수님은 자신에게 열광하는 군중들을 떠나 산으로 물러나셨다(요 6:15).

압력 그리고 생존의 문제

오늘의 본문 요 19:1-16

1 이에 빌라도가 예수를 데려다가 채찍질[1]하더라
2 군인들이 가시나무로 관을 엮어 그의 머리에 씌우고 자색 옷을 입히고
3 앞에 가서 이르되 유대인의 왕이여 평안할지어다 하며 손으로 때리더라[2]
4 빌라도가 다시 밖에 나가 말하되 보라 이 사람을 데리고 너희에게 나오나니 이는 내가 그에게서 아무 죄도 찾지 못한 것을 너희로 알게 하려 함이로라 하더라
5 이에 예수께서 가시관을 쓰고 자색 옷을 입고 나오시니 빌라도가 그들에게 말하되 보라 이 사람이로다 하매
6 대제사장들과 아랫사람들이 예수를 보고 소리 질러 이르되 십자가에 못 박으소서 십자가에 못박으소서 하는지라 빌라도가 이르되 너희가 친히 데려다가 십자가에 못 박으라 나는 그에게서 죄를 찾지 못하였노라[3]
7 유대인들이 대답하되 우리에게 법이 있으니 그 법[4]대로 하면 그가 당연히 죽을 것은 그가 자기를 하나님의 아들[5]이라 함이니이다
8 빌라도가 이 말을 듣고 더욱 두려워하여[6]
9 다시 관정에 들어가서 예수께 말하되 너는 어디로부터냐 하되 예수께서 대답하여 주지 아니하시는지라
10 빌라도가 이르되 내게 말하지 아니하느냐 내가 너를 놓을 권한도 있고 십자가에 못 박을 권한도 있는 줄 알지 못하느냐
11 예수께서 대답하시되 위에서[7] 주지 아니하셨더라면 나를 해할 권한이 없었으리니 그러므로 나를 네게 넘겨 준 자의 죄는 더 크다 하시니라
12 이러하므로 빌라도가 예수를 놓으려고 힘썼으나 유대인들이 소리 질러 이르되 이 사람을 놓으면 가이사의 충신[8]이 아니니이다 무릇 자기를 왕이라 하는 자는 가이사[9]를 반역하는 것이니이다
13 빌라도가 이 말을 듣고 예수를 끌고 나가서 돌을 깐 뜰(히브리 말로 가바다)에 있는 재판석에 앉아 있더라
14 이 날은 유월절의 준비일이요 때는 제육시[10]라 빌라도가 유대인들에게 이르되 보라 너희 왕이로다
15 그들이 소리 지르되 없이 하소서 없이 하소서 그를 십자가에 못 박게 하소서 빌라도가 이르되 내가 너희 왕을 십자가에 못 박으랴 대제사장들이 대답하되 가이사 외에는 우리에게 왕이 없나이다[11] 하니
16 이에 예수를 십자가에 못 박도록 그들에게 넘겨 주니라

저자 해설 및 묵상

요한복음 19:1-16에는 빌라도가 예수를 풀어주려고 여러 차례 애쓴 것이 잘 드러납니다. 그는 예수의 무죄를 알았고 처형할 생각도 없었습니다. 하지만 빌라도는 유대 종교지도자들의 압력에 못이겨 예수를 처형해버렸습니다.

빌라도에게 압력을 행사하여 예수를 십자가에 못 박게 한 종교지도자들과 그에 동조한 무리의 책임은 너무나 명백합니다(요 19:11 하반절 참조). 그렇다고 할지라도 총독 빌라도에게 책임이 없다고 말할 수 있을까요? 나는 나름 예수님을 풀어주기 위해 애썼다고 항변할 수 있을까요? 우리는 종종 다른 사람에게 책임을 전가하면서 자신의 잘못을 정당화 합니다. 그러나 다른 사람이 잘못한 게 더 많다고 나 자신의 잘못이 정당화될까요?

빌라도는 예수의 무죄를 간파하고, 그를 석방하려고 애썼습니다. 하지만 결국 유대 종교지도자들의 '로마 황제에 대한 충성' 운운하는 압박에 빌라도는 예수의 결백을 알면서도 그에게 십자가 형을 선고합니다(요 19:12-16).

로마 황제에 대한 충성에 문제를 제기하면 자신이 황제에게 버림받아 목숨이 위태로울 수 있음을 판단한 빌라도는 예수를 십자가에 못박기로 합니다.[12] 아마도 빌라도는 로마 황제 디베리우스의 편집증으로 자신이 목숨을 잃을 수도 있는 상황에서 내린 어쩔 수 없는 선택이었다고 항변하고 싶었을 것입니다. 하지만 지금 이 상황에서 십자가형[13]에 대한 결정은 여전히 빌라도의 전적인 재량하에 있습니다(요 19:10). 그렇기에 그에게 가해진 압력과 상관 없이, 빌라도는 자신의 생존 때문에 무죄한 예수를 십자가에 못박았다는 책임에서 자유로울 수 없습니다.

우리 역시 크고 작은 압박감 가운데 살아갑니다. 때로는 노골적으로, 때로는

저자 해설 및 묵상

은밀하고 간접적으로 다가오는 압력에 봉착하지 않는 사람은 없습니다. 하지만 그와 관계 없이 자신이 내린 결정에 대해서는 본인이 책임을 져야 합니다.

그리스도인들을 포함한 많은 사람들이 생존 때문에 정의를 포기합니다. 입술로는 "오직 주만 따르겠다"라고 쉽게 이야기 합니다. 하지만 막상 생계와 관련된 여러가지 문제가 걸리면 별 주저함 없이 타협해버립니다. 그렇게 함으로써 자신에게 당면한 문제를 하나님보다 더 사랑하고, 숭상합니다.

물론 생계 문제, 자식문제가 주는 압력은 결코 가볍지 않습니다. 하지만 그렇다고 주님이 내 궁극적 헌신의 대상임을 간과할 수도 없습니다. 제자도의 대가에 대해 주께서 주신 말씀이 마치 성경 안에 존재하지 않는 양 지낼 순 없습니다.

> "무릇 내게 오는 자가 자기 부모와 처자와 형제와 자매와 더욱이 자기 목숨까지 미워하지 아니하면 능히 내 제자가 되지 못하고 누구든지 자기 십자가를 지고 나를 따르지 않는 자도 능히 내 제자가 되지 못하리라"(눅 14:26-27).

필자를 비롯한 우리들 대부분은 핑계 대기를 좋아합니다. 특별히 자기 일에 대해선 잘못해 놓고도 뻔뻔하게 정당화하는데 놀라운 소질이 있습니다. 그러나 우리의 생명, 자식보다 더 중요한 분이 예수님이심을 생생히 기억하는 오늘 그리고 이번 40일의 여정이 되길 간절히 기도합니다. 우리가 살면서 느끼는 압박이 필연적이라면, 하나님의 말씀의 위엄이 우리 삶의 가장 큰 압력으로 다가오길 기도합니다.

묵상과 적용을 위한 질문

생존의 문제와 관련해서 당신이 가장 최근에 느끼거나 경험했던 내부, 외부의 압력은 무엇이었습니까? 그에 대해 어떻게 대처했습니까? 하나님 말씀이 당신에게 가장 크고도 절대적인 압력인가요?

_____
_____
_____

 **나만의 묵상 메모**

_____
_____

 **저자와 함께 하는 한줄 기도**

살면서 안팎으로 여러 압력을 느끼지만, 하나님 말씀이 제 인생에서 가장 큰 '압력'이 되게 하소서.

기도와 결단

- 오늘 묵상한 말씀의 적용과 삶의 결단을 담아 자신의 기도를 적어보세요.

_____
_____

십자가에 달린 왕

오늘의 본문 요 19:17-22

17 그들이 예수를 맡으매 예수께서 자기의 십자가를 지시고[14] 해골[15](히브리 말[16]로 골고다)이라 하는 곳에 나가시니
18 그들이 거기서 예수를 십자가에 못 박을새 다른 두 사람도 그와 함께 좌우편에 못 박으니 예수는 가운데 있더라
19 빌라도가 패를 써서 십자가 위에 붙이니 나사렛 예수 유대인의 왕이라 기록되었더라
20 예수께서 못 박히신 곳이 성에서 가까운 고로 많은 유대인이 이 패를 읽는데 히브리[17]와 로마[18]와 헬라 말[19]로 기록되었더라
21 유대인의 대제사장들이 빌라도에게 이르되 유대인의 왕이라 쓰지 말고 자칭 유대인의 왕이라 쓰라 하니
22 빌라도가 대답하되 내가 쓸 것을 썼다 하니라

저자 해설 및 묵상

유대인의 입장에서 십자가에 달리는 것은 하나님께 저주받음을 뜻합니다. '나무에 달린 자'는 하나님께 저주받은 자로 인식되었습니다(신 21:23: "나무에 달린 자는 하나님께 저주를 받았음이니라"). 한편, 로마인의 입장에서 십자가는 로마황제에게 반역하다 실패한 극악무도한 정치범의 비참한 최후(공개처형)를 의미했습니다. 그렇게 볼 때, 유대인의 시각에서나 혹은 로마인의 시각에서나 십자가에 달린 이가 '왕'이라는 말이 언어도단처럼 들릴 수도 있습니다.

그러나 하나님의 시각에서 십자가에 달리신 예수 그리스도는 진정한 왕, 참된 임금이십니다!(요 18:37) 요한복음 학자들이 지적하는 대로, 저자 요한은 예수님의 십자가 죽음을 예수의 실패로 묘사하는 것이 아니라, 그의 '왕위등극식'(enthronement)으로 표현하고 있습니다! 참된 왕이신 예수 그리스도의 통치 방식은 이 세상의 왕들이 보여주는 것과는 매우 다릅니다. 그는 로마 황제들처럼 자기 백성을 억누르고, 조종하는 왕이 아니라, 오히려 그들을 위해 대신 목숨을 내놓는 왕입니다(요 10:11; 막 10:42-45 참조). 예수님은 자신의 십자가 죽음을 통해 '정사'와 '권세'를 무장 해제 시키시고 우주적 승리를 가져오신 왕입니다(골 2:15). 그렇기에 그리스도의 십자가 죽음은 사실 영광스러운 사건입니다!

바울은 십자가가 예수 그리스도의 영광을 신비롭게 계시하고 있음에 주목합니다.

"유대인은 표적을 구하고 헬라인은 지혜를 찾으나 우리는 십자가에 못 박힌 그리스도를 전하니 유대인에게는 거리끼는 것이요 이방인에게는 미련

저자 해설 및 묵상

한 것이로되 오직 부르심을 받은 자들에게는 유대인이나 헬라인이나 그리스도는 하나님의 능력이요 하나님의 지혜니라"(고전 1:22-24).

바울은 그리스도의 십자가에 대해 당시의 통념을 뒤엎는 이야기를 합니다. 그는 그리스도의 십자가를 약함이나, 거리낌의 상징으로 보지 않습니다. 도리어 예수의 십자가를 하나님의 권능과 지혜의 상징으로 이해합니다(고전 1:23-24). 바울은 그리스도의 십자가에서 '신적 영광'(divine glory)을 보았습니다!

예수님의 십자가에 부착된 패에는 '나사렛 예수 유대인의 왕'이라 기록되어 있었습니다(요 19:19). 이는 빌라도가 공중 앞에 제시한 예수의 죄목입니다. 그러한 죄목은 예수를 로마 황제에 도전한 반역자로 묘사합니다. 그러나 하나님의 부르심을 입은 이들에게 있어 그리스도의 십자가는 전혀 다른 의미가 있습니다. 그리스도의 십자가는 실패, 거리낌, 약함, 미련함의 상징이 아닙니다. 예수님의 십자가는 하나님의 지혜와 능력을 계시하며, 그리스도가 자기 백성을 위해 목숨까지 내어주는 참된 왕임을 보여줍니다.

묵상과 적용을 위한 질문

십자가의 죽음과 예수의 왕되심은 서로 어떤 관계가 있나요? 참 왕이신 예수님의 통치방식은 세상의 통치방식과 어떻게 다른가요?

_____
_____
_____

 **나만의 묵상 메모**

_____
_____
_____

 **저자와 함께 하는 한줄 기도**

자기 백성을 위해 십자가에서 대신 목숨을 주신 참된 왕 예수 그리스도로 인해 감격케 하소서.

기도와 결단

• 오늘 묵상한 말씀의 적용과 삶의 결단을 담아 자신의 기도를 적어보세요.

_____
_____

31 DAY

십자가 아래서 한 가족이 되다

오늘의 본문 요 19:23-27

23 군인들이 예수를 십자가에 못 박고 그의 옷을 취하여 네 깃에 나눠 각각 한 깃씩 얻고 속옷도 취하니 이 속옷은 호지 아니하고 위에서부터 통으로 짠 것이라
24 군인들이 서로 말하되 이것을 찢지 말고 누가 얻나 제비 뽑자 하니 이는 성경에 그들이 내 옷을 나누고 내 옷을 제비 뽑나이다[20] 한 것을 응하게 하려 함이러라 군인들은 이런 일을 하고
25 예수의 십자가 곁에는 그 어머니와 이모와 글로바의 아내 마리아와 막달라 마리아[21]가 섰는지라
26 예수께서 자기의 어머니와 사랑하시는 제자가 곁에 서 있는 것을 보시고 자기 어머니께 말씀하시되 여자여 보소서 아들이니이다 하시고
27 또 그 제자에게 이르시되 보라 네 어머니라 하신대 그 때부터 그 제자가 자기 집에 모시니라

저자 해설 및 묵상

예수님은 십자가에 못 박혀 극한의 고통을 느끼시는 중에도 모친 마리아를 생각하셨습니다. 당시 사회에서 홀로된 여성이 생계를 위해 할 수 있는 경제적 활동은 매우 제한적이었습니다. 그런 상황에서 홀로된 모친을 돌보는 일은 주로 장남의 역할이었습니다. 그런데 이제 예수님은 십자가의 죽음, 부활을 거쳐 하나님 아버지께로 돌아가십니다. 그래서 이 시점에서 '그의 사랑하는 제자'(요한)에게 모친 마리아를 부탁합니다. 그리고 요한은 그날부터 마리아를 집에 모시며 어머니로 섬깁니다. 예수님을 통해 마리아와 요한은 새로운 가족을 이룹니다. 예수님을 통해 마리아는 아들 요한을 그리고 요한은 모친 마리아를 얻습니다.

여러 해 전 <한 지붕 세 가족>이란 TV 프로그램이 상당한 인기를 끌었던 기억이 납니다. 그러나 예수 그리스도 안에서는 한 지붕 한 가족뿐입니다. '누구든지 하나님의 뜻대로 행하는 자'는 예수님의 '형제요 자매요 어머니'입니다(막 3:35). 그리스도의 십자가 아래는 오직 한 가족만이 존재합니다(엡 2:11-22 참조). 그렇게 십자가 아래서 '예수의 사랑하시는 제자'(요한)는 마리아에게 아들이 되었고, 마리아는 그에게 어머니가 되었습니다.

십자가 밑에서 요한과 마리아가 서로에게 아들과 어머니가 되는 모습은 우리가 그리스도의 공동체 안에서 서로를 어떻게 바라보고, 대해야 할지에 대한 의미심장한 여운을 남깁니다. 갈수록 파편화되어 가는 사회에서 인간들은 극도로 개인주의화 되어 갑니다. 그 가운데 우리가 말하는 '공동체' 역시 내가 속한 핵가족을 못 벗어나는 경우가 많습니다. 개인주의가 만연하고 가정의 위기를 경험하는 현실 가운데서 자신의 핵가족만 잘 챙겨도 나름 잘한다고 여길 법도 합니다.

저자 해설 및 묵상

하지만 오늘 본문(특히 26-27절) 그리고 신약성경이 제시하는 그리스도의 공동체에 대한 비전(엡 2:11-22)은 우리가 그저 자신의 핵가족이나 주변의 몇 사람 챙기는 것으로 만족할 수 없는 고귀한 소명을 부여받았음을 알려줍니다.

"예수께서 자기의 어머니와 사랑하시는 제자가 곁에 서 있는 것을 보시고 자기 어머니께 말씀하시되 여자여 보소서 아들이니이다 하시고 또 그 제자에게 이르시되 보라 네 어머니라 하신대 그 때부터 그 제자가 자기 집에 모시니라"(요 19:26-27).

 **묵상과 적용을 위한 질문**

'그리스도의 십자가 아래서 모두가 한 가족'이란 말이 오늘 당신에게 어떤 구체적 의미로 다가오나요? 또 그러한 이해가 당신에게 어떤 구체적 행동을 요청하고 있나요? 동료 성도를 '형제'나 '자매'로 호칭할 때, 그런 호칭이 가진 무게감을 인식하고 있는지요?

___

___

___

 **나만의 묵상 메모**

___

___

 **저자와 함께 하는 한줄 기도**

주님의 십자가 아래서는 모두가 한 가족임을 선명하게 기억하며 동료 성도를 대하게 하소서.

기도와 결단

- 오늘 묵상한 말씀의 적용과 삶의 결단을 담아 자신의 기도를 적어보세요.

___

___

32 DAY

테텔레스타이 - "다 이루었다"

오늘의 본문 요 19:28-37

28 그 후에 예수께서 모든 일이 이미 이루어진 줄 아시고 성경[22]을 응하게 하려 하사 이르시되 내가 목마르다 하시니
29 거기 신 포도주가 가득히 담긴 그릇이 있는지라 사람들이 신 포도주를 적신 해면을 우슬초에 매어 예수의 입에 대니
30 예수께서 신 포도주를 받으신 후에 이르시되 다 이루었다 하시고 머리를 숙이니 영혼이 떠나가시니라
31 이 날은 준비일이라 유대인들은 그 안식일이 큰 날[23]이므로 그 안식일에 시체들을 십자가에 두지 아니하려 하여 빌라도에게 그들의 다리를 꺾어 시체를 치워 달라 하니
32 군인들이 가서 예수와 함께 못 박힌 첫째 사람과 또 그 다른 사람의 다리를 꺾고
33 예수께 이르러서는 이미 죽으신 것을 보고 다리를 꺾지 아니하고
34 그 중 한 군인이 창으로 옆구리를 찌르니[24] 곧 피와 물[25]이 나오더라
35 이를 본 자[26]가 증언하였으니 그 증언이 참이라 그가 자기의 말하는 것이 참인 줄 알고 너희로 믿게 하려 함이니라[27]
36 이 일이 일어난 것은 그 뼈가 하나도 꺾이지 아니하리라 한 성경[28]을 응하게 하려 함이라
37 또 다른 성경에 그들이 그 찌른 자를 보리라[29] 하였느니라

저자 해설
―
및 묵상

오늘 본문(요 19:28-37)은 그리스도의 임종 장면과 그분의 임종을 확인하는 절차에 대해 묘사하고 있습니다. 아울러 저자가 이 일의 직접 목격 증인(eyewitness)임도 밝히고 있습니다. 오늘 묵상은 이 중 특별히 요한복음 19:30에 기록된 임종 전 주님의 말씀에 주목하겠습니다.

"예수께서 신 포도주를 받으신 후에 이르시되 다 이루었다 하시고 머리를 숙이니 영혼이 떠나가시니라"(요 19:30).

요한복음이 기록하는 예수님의 임종 전 마지막 말씀은 "다 이루었다"(요 19:30)입니다. 개역개정에서 "다 이루었다"로 번역된 단어는 헬라어로 '테텔레스타이'(τετέλεσται)인데, 현재완료시제로 영어로는 "It has been finished" 혹은 "It is finished"로 번역이 가능합니다. 예수님의 임종 장면을 직접 목격한 저자는 동일한 헬라어 단어를 요한복음 19:28("그 후에 예수께서 모든 일이 이미 이루어진 줄[테텔레스타이] 아시고")에도 사용합니다. 짧은 거리를 두고 28절의 서사(narration)와 30절의 직접 인용에서 각각 같은 단어를 반복했다는 것은 저자가 이 단어를 강조하고 있음을 시사합니다.

그런데 이 단어(테텔레스타이)가 가진 의미와 중요성은 과연 무엇인가요? 임종을 앞두고 "다 이루었다"고 예수님께서 선언하실 때, 무엇을 다 이뤘다는 말씀인가요? "다 이루었다"는 말씀은 주님께서 십자가의 죽음을 통해 아버지께서 맡기신 일을 모두 다 수행하셨다는 뜻입니다. 즉, 그의 백성이 영원한 생명을 위

저자 해설 및 묵상

해 아버지께로 나아가는 길을 활짝 여셨다는 뜻입니다. 이는 이미 이뤄진 일이고 그 효력은 여전히 유지되고 있습니다. 주께서 이루신 일이기에 누구도 이를 변개하거나, 취소, 변경할 수 없습니다.

'믿음'이란 이미 이루신 그리스도의 사역을 신뢰하고 그에게 순복함을 의미합니다. 성도는 이미 다 이루신 그리스도의 사역(already-finished work of Christ)을 신뢰하며 살아갑니다. 성도의 순종도 이미 이루신 예수님의 사역에 근거합니다. 성도는 자신의 노력으로 의로움을 쟁취하기 위해 주께 순종하는 게 아닙니다. 이미 이루신 그리스도의 사역을 통해 의롭게 되었기에 순종하는 것입니다. 오직 그리스도의 순종 외에는 이 세상의 그 누구도 완벽한 순종을 이룰 수 없습니다. 그리고 우리는 십자가에 죽으시기까지 아버지께 순종했던 그리스도를 신뢰하여 영생을 얻습니다(롬 5장 참조). 그리고 그 영생을 누리는 삶의 열매로서 주께 순종합니다.

이미 그리스도께서 그의 삶과 죽음을 통해 이루신 일을 의지하며 사는 것은 성도에게 참된 자유를 줍니다. 그런 자유로움 속에서 순간 순간 우리 삶을 주께 내맡길 때, 우리의 순종은 율법주의의 부산물이 아닌 진정한 것이 됩니다. 그러한 우리의 진정한 순종은 죽기까지 아버지께 순종하신 그리스도로 인한 찬양이고, 대속의 은혜로 인한 축제입니다.

 **묵상과 적용을 위한 질문**

이미 그리스도께서 이루신 일을 신뢰하며 산다는 것은 당신의 삶에 있어 구체적으로 무엇을 의미합니까?

___

___

___

 나만의 묵상 메모

___

___

___

 **저자와 함께 하는 한줄 기도**

그리스도께서 이미 이루신 일에 의지하여 축제의 삶을 살게 하소서.

기도와 결단

- 오늘 묵상한 말씀의 적용과 삶의 결단을 담아 자신의 기도를 적어보세요.

___

___

구약의 성취와 그리스도의 권위

오늘의 본문 요 19:17-37

17 그들이 예수를 맡으매 예수께서 자기의 십자가를 지시고 해골(히브리 말로 골고다)이라 하는 곳에 나가시니
18 그들이 거기서 예수를 십자가에 못 박을새 다른 두 사람도 그와 함께 좌우편에 못 박으니 예수는 가운데 있더라
19 빌라도가 패를 써서 십자가 위에 붙이니 나사렛 예수 유대인의 왕이라 기록되었더라
[중략]
24 군인들이 서로 말하되 이것을 찢지 말고 누가 얻나 제비 뽑자 하니 이는 성경에 그들이 내 옷을 나누고 내 옷을 제비 뽑나이다 한 것을 응하게 하려 함이러라 군인들은 이런 일을 하고
25 예수의 십자가 곁에는 그 어머니와 이모와 글로바의 아내 마리아와 막달라 마리아가 섰는지라
26 예수께서 자기의 어머니와 사랑하시는 제자가 곁에 서 있는 것을 보시고 자기 어머니께 말씀하시되 여자여 보소서 아들이니이다 하시고
27 또 그 제자에게 이르시되 보라 네 어머니라 하신대 그 때부터 그 제자가 자기 집에 모시니라
28 그 후에 예수께서 모든 일이 이미 이루어진 줄 아시고 성경을 응하게 하려 하사 이르시되 내가 목마르다 하시니
29 거기 신 포도주가 가득히 담긴 그릇이 있는지라 사람들이 신 포도주를 적신 해면을 우슬초에 매어 예수의 입에 대니
30 예수께서 신 포도주를 받으신 후에 이르시되 다 이루었다 하시고 머리를 숙이니 영혼이 떠나가시니라
[중략]
36 이 일이 일어난 것은 그 뼈가 하나도 꺾이지 아니하리라 한 성경을 응하게 하려 함이라
37 또 다른 성경에 그들이 그 찌른 자를 보리라 하였느니라

저자 해설 및 묵상

예수님의 십자가 처형 장면을 기록하면서 저자 요한은 거듭 구약을 인용합니다. 요한이 기록한 예수님의 십자가 처형 장면(요 19:17-37)으로만 범위를 좁혀 가장 눈에 띄는 구약 인용을 정리해 보면 다음과 같습니다.

- 요한복음 19:24(시 22:18 인용) - "군인들이 서로 말하되 이것을 찢지 말고 누가 얻나 제비 뽑자 하니 이는 성경에 그들이 내 옷을 나누고 내 옷을 제비 뽑나이다 한 것을 응하게 하려 함이러라"
- 요한복음 19:28 (시 69: 21인용) - "그 후에 예수께서 모든 일이 이미 이루어진 줄 아시고 성경을 응하게 하려 하사 이르시되 내가 목마르다 하시니"
- 요한복음 19:36(출 12:46; 민 9:12; 시 34:20 인용) - "이 일이 일어난 것은 그 뼈가 하나도 꺾이지 아니하리라 한 성경을 응하게 하려 함이라"
- 요한복음 19:37(슥 12:10 인용) - "또 다른 성경에 그들이 그 찌른 자를 보리라 하였느니라"

이같은 구약 인용을 통해 저자 요한은 자신이 직접 목격한 그리스도의 십자가 죽음(요 19:35)이 구약을 완성하고, 성취한다는 사실을 증언합니다.

요한의 거듭된 구약 인용은 또한 그리스도의 권위에 대해 말해줍니다. 요한은 구약의 여러 말씀이 예수 그리스도를 통해(특별히 그리스도의 고난과 죽음을 통해) 완성됨을 밝힙니다. 요한은 예수님을 구약의 결정적 성취로 이해합니다(요

저자 해설 및 묵상

5:30-47). 구약이 증언하는(요 5:39) 구원사의 클라이맥스는 바로 예수 그리스도이십니다. 그러나 우리는 거기서 끝나지 않고 한 걸음 더 나아가야 합니다. 만일 예수 그리스도가 정말로 구약이 증언하는 핵심 내용이요, 구약의 성취요, 구원사의 절정이라면, 우리의 삶은 마땅히 그분을 중심으로 조정돼야 합니다.

 신약에서의 구약 인용을 살펴보는 것은 아마도 성경 연구에 있어 가장 중요하면서도 많은 노력을 요하는 몇 안 되는 작업 중 하나일 것입니다. 그러나 그것은 그저 지적인 작업이 아닙니다. 왜냐면, 그리스도께서 구약의 성취이며 구원사의 클라이맥스라는 이해는 우리에게 영적이고 윤리적인 결단을 요구하기 때문입니다. 만일 그리스도께서 정말 하나님의 구원 역사의 절정이자, 구약을 완성하시는 분이라면, 우리 삶은 마땅히 그의 권위 아래 놓여야 합니다. 그리스도의 말씀이 우리 삶의 최종적 권위가 되어야 하고, 그가 보여주신 본이 우리가 추구하는 궁극적 방향이 되어야 하며, 그의 십자가와 부활이 우리가 전하는 복음의 정중앙에 확고하게 위치해야 합니다.

 구약을 성취하시고 완성하시는 그리스도의 권위에 대해 묵상하는 하루가 되시기 바랍니다. 그리고 그리스도의 권위에 삶을 더 철저히 내려놓는 복을 누리는 하루가 되시기 바랍니다.

묵상과 적용을 위한 질문

당신은 삶의 주도권을 그리스도의 권위 아래에 두고, 순종하며 살고 있습니까? '삶을 그리스도의 권위 아래 내려놓는다는 것'이 오늘 당신의 삶에서 어떤 구체적인 의미를 갖고 있나요?

_____
_____
_____

 나만의 묵상 메모

_____
_____

 **저자와 함께 하는 한줄 기도**

우리 삶과 그 가운데 존재하는 모든 것을 주저없이 그리스도의 권위 아래 내려놓게 하소서.

기도와 결단

- 오늘 묵상한 말씀의 적용과 삶의 결단을 담아 자신의 기도를 적어보세요.

_____
_____

용기(Courage)를 내다

오늘의 본문 요 19:38-42

38 아리마대 사람 요셉[30]은 예수의 제자이나 유대인이 두려워 그것을 숨기더니 이 일 후에 빌라도에게 예수의 시체를 가져가기를 구하매 빌라도가 허락하는지라 [31] 이에 가서 예수의 시체를 가져가니라

39 일찍이 예수께 밤에 찾아왔던 니고데모[32]도 몰약과 침향 섞은 것을 백 리트라쯤 가지고 온지라

40 이에 예수의 시체를 가져다가 유대인의 장례 법대로 그 향품과 함께 세마포로 쌌더라

41 예수께서 십자가에 못 박히신 곳에 동산이 있고 동산 안에 아직 사람을 장사한 일이 없는 새 무덤이 있는지라

42 이 날은 유대인의 준비일이요 또 무덤이 가까운 고로 예수를 거기 두니라

저자 해설 및 묵상

'숨은' 제자였던 아리마대 사람 요셉은 유대 관원들을 두려워하여 자신이 예수의 제자가 되었던 것을 비밀로 하고 있었습니다. 그는 하나님보다는 유대교의 권력자를 더 두려워했고, 하나님의 인정보다 사람의 인정을 선호했었습니다(요 19:38[12:42-43 참조]).

그러나 예수님이 십자가에서 돌아가신 후에 아리마대 요셉에게서 전과는 다른 모습이 보입니다. 담대히 빌라도에게 요청하여 승낙을 받은 후, 예수의 장사를 주관하는 역할을 감당합니다(요 19:38). 전에는 사람들의 눈을 피해 밤에 몰래 예수를 찾아왔던 랍비 니고데모(요 3:2) 역시 예수의 장례를 섬기는 일에 용기 있게 동참합니다(요 19:39). 이 두 사람은 함께 예수의 장례를 섬기는 일을 감당함으로써 예수에 대한 깊은 사랑과 존경을 표현합니다(40-42절). 과거의 모습이 어땠든, 이 시점에 와서는 용기 있는 제자의 모습을 보입니다. 슬픔에 잠긴 사도들이 유대 관원들을 무서워하여 도피하여 문을 겹으로 잠그고 숨어있는 사이(20:19 참조), 아리마대 요셉과 니고데모는 용기 있는 행동을 합니다.

주변을 보면 자신이 그리스도인임을 은근히 숨기는 경우가 많습니다. 그 정도까지는 아니더라도 자기 신앙과 삶이 소위 '부담스럽지 않은' 선을 넘지 않고자 매우 신경 쓰는 듯합니다. 그러면서(비록 그리스도인이라는 것 자체를 숨기지는 않지만) 실존적으로 숨은 제자로 지내는 경우가 적지 않습니다. 물론 양식이 없고 상식을 습관적으로 무시하는 일부 기독교인들의 모습이 사회적으로 적잖은 문제가 되고 있습니다. 하지단 예수의 제자인지 아닌지 구분조차 안 될 정도로 용기없고, 패기 없이 사는 모습이 정상적인 믿음 생활이라고 여긴다면 분명 오

저자 해설 및 묵상

산입니다.

　오늘 본문은 아리마대 요셉과 니고데모가 '용기'(courage)있는 모습을 보여, 진보를 이루는 모습을 보여줍니다. 그리스도인이라는 사실에 대해 자부심을 느끼기보다는 그로 인해 도리어 움츠러드는 일이 더 많은 이 시대입니다. 하지만 필자와 독자 모두 예수의 제자다운 담대함과 기백을 새롭게 회복하고, 제자다운 용기에 있어 의미 있는 진보를 이루게 되기를 바랍니다. 지금까지 우리의 모습이 어땠든 이제는 예수님의 제자로 진정 용기있게 살기를 기도합니다.

묵상과 적용을 위한 질문

예수님의 제자로서 당신은 전보다 용기 있는 모습으로 진보하고 있나요? 혹은 제자리에 머물러 있거나 오히려 퇴보하고 있나요? 답한 내용과 관련해서 왜 그렇다고 생각하나요?

_____
_____
_____

 **나만의 묵상 메모**

_____
_____
_____

 **저자와 함께 하는 한줄 기도**

예수님의 제자다운 기백과 용기에 있어 의미 있는 진보를 이루게 하소서.

기도와 결단

- 오늘 묵상한 말씀의 적용과 삶의 결단을 담아 자신의 기도를 적어보세요.

_____
_____

더 깊은 묵상과 기도(Ⅴ)

오늘의 본문 요 19장 전체

오늘은 지난 6일(Day 29 - Day 34)간 묵상했던 본문을 다시 한 번 더 깊이 묵상하며, 기도의 자리로 나아가는 날입니다. 먼저 오늘의 본문을 2회 이상 천천히 기도하는 마음으로 읽으시고 그 가운데 주님의 인도하심을 따라 더 깊이 있는 말씀 묵상과, 기도의 자리로 나아가시기 바랍니다. 다음의 질문들이 묵상과 기도에 도움이 되실 것입니다.

• 오늘 말씀 묵상을 통해 지난 6일간 묵상했던 내용 중 특별히 더 주목되는 부분은 무엇입니까? 지난 6일간 새롭게 깨닫게 된 부분은 무엇입니까?

• 지난 6일간 깨달은 내용 중 그간 실천한 것은 무엇입니까? 그렇게 실천하는 과정에서 무엇을 새롭게 경험했습니까?

• 실천하는 과정에서 어려웠던 것은 또 무엇입니까? 지난 6일간 깨달은 내용 중 제대로 실천하지 못 했거나 잊어버렸던 것은 무엇입니까?

___

• 지난 6일간 깨달은 것과 실천할 수 있었던 것에 대해 주님께 감사의 기도와 찬양을 드리시기 바랍니다. 아직 실천하지 않고 있거나 실천하면서 어려움이 있는 것들에 대해 주님께서 힘을 주셔서 실천할 수 있게 해 달라고 간구하세요.

___

• 그 외의 묵상 내용과 기도에 대해서 자유롭게 적어보세요.

더 깊은 묵상	더 깊은 기도

더 깊은 이해를 위한 추가해설
Days 29-34(5주차)

1. 당시 십자가형(사형)이 시행되기에 앞서 채찍질이 행해졌으며, 이때 가죽 채찍에 뼛조각이나 금속을 달아 죄수를 가격했다. 그러나 여기에서 채찍질은 아마 그보다 가벼운 형태였을 것으로 추측된다. 왜냐하면 아직 사형선고가 내려지기 전이었고, 또 빌라도는 예수를 석방하고자 나름대로 노력하고 있었기 때문이다. 빌라도는 예수에게 채찍질을 가함으로써 그를 고발한 종교지도자들과 그들의 추종세력에게 얼마간의 만족감을 주고 나면 그를 석방할 수 있을 것이라고 생각했다(눅 23:16 참조). 막 15:15는 앞서 언급한 가장 가혹한 형태의 채찍질(즉, 십자가 처형 직전에 행해진 추가적 채찍질)을 언급하는 것으로 보인다(요 19:16 참조).
2. 요 19:2-3에 묘사된 행동들은 예수를 조롱하고, 그에게 모욕을 주기 위해 행해진 것들이다.
3. 빌라도는 유대인들이 자체적으로 십자가형을 집행할 수 없음을 잘 알고 있었다. 여기에 언급된 빌라도의 말(요 19:6: "너희가 친히 데려다가 십자가에 못 박으라 나는 그에게서 죄를 찾지 못하였노라")은 예수의 무죄에 대한 빌라도의 확신 및 유대 종교 지도자들에 대한 그의 혐오(혹은 강한 불만)를 표현해 준다.
4. 여기서 유대인들의 '법'은 아마도 레 24:16을 지칭하는 듯하다.
5. 요 5:17-18를 보라. 구약 및 유대교 배경에서 '하나님의 아들'이란 호칭은 메시아 혹은 다윗 가문의 왕에게 사용되었고(삼하 7:14; 시 2편 및 89편), 이스라엘에 적용되기도 했다(출 4:22; 호 11:1). 로마 배경에서 이 호칭은 로마 황제에게 적용되었다. 요한복음을 포함한 신약성경 전체에서 이 호칭은 예수 그리스도께 사용되며, 특별히 하나님의 독생자로서 그의 신성을 직, 간접적으로 표현해 준다(예: 요 5:17 이하; 마 28:18-20).
6. 여기서 빌라도의 두려움은 아마도 그가 갖고 있던 미신적 신앙과 관련이 있는 듯하다. 유대 종교 지도자들로부터 예수가 자신을 '하나님의 아들'로 호칭한다는 이야기를 듣자(요 19:7) 빌라도 안에 있는 미신적 두려움이 그의 마음을 사로잡았던 것 같다(요 19:8). 그러한 미신적 두려움은 성경이 말하는 하나님을 향한 경외함(잠 1:7)과는 거리가 멀다.
7. '위에서'(요 19:11)는 '하나님께서'라는 의미다. 하나님이 허락하지 않으셨다면 빌라도는 아무 권한도 없을 것이라고 예수님은 단언하신다. 빌라도의 권한을 전적으로 무시하시는 것은 아니나 그의 권한을 상대화시키신다. 예수님은 빌라도의 권세 앞에 조금도 위축되지 않으시고, 하나님의 권세에 대해 선포하신다. 성경은 개인들과 공동체들이 행한 바에 대해 엄중한 책임이 있음을 분명하게 직시하면서도, 하나님이 역사의 주관자시고, 통치자라는 신비를 주저함 없이 선포한다. 예수님께서도 그에 대해 분명하게 말씀하신다.
8. 여기서 '가이사의 충신'(요 19:12)은 문자적으로는 '가이사의 친구'인데, 이는 당시 로마 사회에서 영예롭고도 영향력 있는 지위를 뜻한다.
9. '가이사'(Καῖσαρ)는 본래 율리우스 시저(Julius Caesar)의 성(surname)이었지만, 로마황제들의 호칭의 일부로 사용됐다.

더 깊은 이해를 위한 추가해설

Days 29-34(5주차)

10 여기 제시된 저자 요한의 시간 계산은 마가의 시간 계산(막 15:25, 33)과는 차이가 있는데, 아마도 저자 요한이 마가와 서로 다른 시간 계산방식을 사용하는 듯하다. 고대에는 다양한 시간 계산방식들이 존재했다.

11 "가이사 외에는 우리에게 왕이 없나이다"(요 19:15)라는 대제사장들의 고백은 (비록 정치색이 농후한 발언이긴 하지만) 신성모독에 가깝다. 대제사장들은 이스라엘의 하나님께 어울릴 표현("…외에는 우리에게 왕이 없나이다")을 로마 황제에게 적용하고 있다. 대제사장들은 예수를 십자가에 못 박기 위해서 이렇듯 신성모독 발언까지 서슴지 않는다! 그들이 이처럼 로마에 대한 충성을 고백했으나 결국 40여 년 후 AD 70년에(예수님이 앞서 예언하신 대로[막 13장]) 그들의 활동무대였던 예루살렘과 그 성전이 로마에 의해 처참하게 멸망된다.

12 누가 역시 그의 '두 번째 책'(사도행전)에서 빌라도의 책임을 명시적으로 지적한다. "또 주의 종 우리 조상 다윗의 입을 통하여 성령으로 말씀하시기를 어찌하여 열방이 분노하며 족속들이 허사를 경영하였는고 세상의 군왕들이 나서며 관리들이 함께 모여 주와 그의 그리스도를 대적하도다 하신 이로소이다 과연 헤롯과 본디오 빌라도는 이방인과 이스라엘 백성과 합세하여 하나님께서 기름 부으신 거룩한 종 예수를 거슬러"(행 4:25-27).

13 십자가형은 일반적으로 로마 시민에게는 적용되지 않았다. 로마 시민에게는 참수형이 적용되었다. 유대인들의 경우, 자신들이 사형을 자체적으로 집행할 권한이 없었지만 그런 권한이 혹 주어진다면 돌로 치는 사형법을 사용했을 것이다. 십자가에서 처형되는 죄수는 벌거벗은 채로 처형됐다.

14 1세기 당시 로마 제국의 십자가형 집행에 있어서 보통 십자가의 세로축은 땅에 고정해 둔 채로 죄수가 가로축을 지고 사형장으로 나아가게끔 했으며, 사형 집행 시에 지고 간 가로축을 땅에 고정된 세로축에 연결했다. 십자가의 세로축은 종종 우리가 생각하는 것만큼 길지는 않았다(아마도 3미터 이하).

15 요 19:17(마 27:33; 막 15:22; 눅 23:33 참조)에 언급된 '해골'(아람어: 돌고다)이라는 지명은 바로 이 장소에서 로마의 십자가형이 집행되어 많은 사람이 죽었기에 붙여진 것 같다. 해당 지역의 지형이 해골 모양과 비슷해서 생겨난 지명이라고 추측하는 경우도 있지만 이곳이 구체적으로 어느 장소인지에 대해 확실히 알려진 바는 없다. 우리가 찬송가 등에서 자주 사용하는 단어 '갈보리'는 '해골'을 뜻하는 라틴어 단어에 그 기원을 두고 있다.

16 여기서 '히브리 말'은 당시 유대지역의 공용어였던 아람어를 가리킨다. 요한복음 본문에서 히브리어가 언급될 때 기본적으로 아람어를 지칭한다고 이해하면 적절할 것이다.

17 여기서 히브리 말은 아람어를 가리킨다. 당시 유대지역에서는 아람어가 공용어였고, 헬라어도 널리 사용되고 있었다.

18 여기서 로마 말은 로마의 공식 언어였던 라틴어를 가리킨다.

더 깊은 이해를 위한 추가해설
Days 29-34(5주차)

19 여기서 헬라 말은 로마의 공용어였던 헬라어를 지칭한다.
20 시편 22:18의 인용이다. 마가와 마태는 예수님이 십자가상에서 시편 22편의 첫 절(시 22:1)을 인용하셨음을 보도한다(막 15:34//마 27:46). 시편 22편은 의인의 고난에 관한 다윗의 시편이다. 예수님은 다윗이 경험했던 일을 구원사의 절정 시점에서 궁극적 형태로 경험하셨다.
21 신약의 사복음서에서 막달라 마리아는 특히 예수님의 십자가 죽음, 장사 및 부활 기사에 등장한다. 눅 8:2을 함께 참조하라.
22 여기서 '성경'(요 19:28)은 시 69:21를 가리키는 것으로 보인다. 요 19:28-30은 시 69:21("그들이 쓸개를 나의 음식물로 주며 목마를 때에는 초를 마시게 하였사오니")에 기록된 다윗의 경험을 예수 그리스도께 모형론적(typological)으로 적용한다.
23 이 안식일('큰 날'[요 19:31])은 유월절-무교절 주간과 겹쳐있기에 당시 유대인들에게 한층 더 중요했을 것이다.
24 창으로 옆구리를 찌르는 것(요19:34)은 확실히 죽었는지를 확인하는 방식이었다.
25 여기서 '물'에 대한 언급은 군인의 창이 예수님의 심낭을 관통했음을 암시하는 것으로 보인다. 즉, 예수가 십자가 상에서 이미 죽었음을 확인해 주는 증거다.
26 여기서 '이를 본 자'(직접 목격자[요 19:35])는 앞서 요 19:26에서 언급되었던 '주께서 사랑하시는 제자'(사도 요한)일 것이 확실시된다.
27 요 20:31; 21:24를 각각 참조하라.
28 출 12:46; 민 9:12을 보라. 이 두 구절은 유월절 양에 대해 언급하는 본문이다. 시 34:20을 함께 참조하라. 고전 5:7은 예수 그리스도를 '유월절 양'으로 묘사한다.
29 슥 12:10을 보라(사 53:5 참조). 슥 12:10은 계 1:7("볼지어다 그가 구름을 타고 오시리라 각 사람의 눈이 그를 보겠고 그를 찌른 자들도 볼 것이요")에서 다시 인용된다.
30 '아리마대 사람 요셉'(요 19:38)에 관해서는 마 27:57 및 막 15:43을 보라. '아리마대'는 요셉의 출신 지역을 가리킨다.
31 당시 십자가에서 처형된 죄수를 위한 장례는 허용되지 않았다. 빌라도가 아리매대 출신 요셉에게 예수의 시체를 주어 장례를 치르게 한 것으로 미루어 볼 때 아리마대 요셉이 유대 사회에서 높은 지위에 있었음을 유추할 수 있다. 실제로 막 15:43/눅 23:50은 요셉이 산헤드린 회원이었음을 밝히며, 마 27:57은 요셉이 부유했다고 말한다. 요 19:39에서 언급된 니고데모 역시 당시 유대 사회에서 명망 있는 인물이었다. 니고데모는 바리새인으로(요 7:50) 당시 유대교의 명망있는 랍비였던 것으로 보인다(요 3:10: '이스라엘의 선생').
32 일찍이 예수께 밤에 찾아왔던 '니고데모'에 대한 보도는 요 3:1-21을 보라. 밤에 예수를 찾아왔던 일은 특히 2절을 보라. 니고데모는 요 7:45-52, 그리고 오늘 본문인 요 19:38-42에 재등장한다. 요 7:45-52에서 니고데모는 예수님을 배척하는 바리새파 동료들에게 우회적으로 맞서고(51절), 요 19:38-42에서는 아리마대 사람 요셉과 함께 용기 있게 예수님의 장례를 섬긴다. 저자 요한은 요 19:38-42에서 니고데모가 예수님의 제자가 되었음을 암시하는 듯하다.

"예수께서 신 포도주를 받으신 후에
이르시되
다 이루었다 하시고
머리를 숙이니
영혼이 떠나가시니라"(요 19:30).

DAY 36 부활의 첫 증인 막달라 마리아

오늘의 본문 요 20:1-18

1. 안식 후 첫날 일찍이 아직 어두울 때에 막달라 마리아가 무덤에 와서 돌이 무덤에서 옮겨진 것[1]을 보고
2. 시몬 베드로와 예수께서 사랑하시던 그 다른 제자에게 달려가서 말하되 사람들이 주님을 무덤에서 가져다가 어디 두었는지 우리가 알지 못하겠다 하니
3. 베드로와 그 다른 제자가 나가서 무덤으로 갈새
4. 둘이 같이 달음질하더니 그 다른 제자가 베드로보다 더 빨리 달려가서 먼저 무덤에 이르러
5. 구부려 세마포 놓인 것을 보았으나 들어가지는 아니하였더니
6. 시몬 베드로는 따라와서 무덤에 들어가 보니 세마포가 놓였고
7. 또 머리를 쌌던 수건은 세마포와 함께 놓이지 않고 딴 곳에 쌌던 대로 놓여 있더라
8. 그 때에야 무덤에 먼저 갔던 그 다른 제자도 들어가 보고 믿더라[2]
9. (그들은 성경에 그가 죽은 자 가운데서 다시 살아나야 하리라 하신 말씀[3]을 아직 알지 못하더라)
10. 이에 두 제자가 자기들의 집으로 돌아가니라
11. 마리아는 무덤 밖에 서서 울고 있더니 울면서 구부려 무덤 안을 들여다보니
12. 흰 옷 입은 두 천사가 예수의 시체 뉘었던 곳에 하나는 머리 편에, 하나는 발 편에 앉았더라
13. 천사들이 이르되 여자여 어찌하여 우느냐 이르되 사람들이 내 주님을 옮겨다가 어디 두었는지 내가 알지 못함이니이다
14. 이 말을 하고 뒤로 돌이켜 예수께서 서 계신 것을 보았으나 예수이신 줄은 알지 못하더라
15. 예수께서 이르시되 여자여 어찌하여 울며 누구를 찾느냐 하시니 마리아는 그가 동산지기[4]인 줄 알고 이르되 주여 당신이 옮겼거든 어디 두었는지 내게 이르소서 그리하면 내가 가져가리이다
16. 예수께서 마리아야 하시거늘 마리아가 돌이켜 히브리 말로 랍오니[5] 하니 (이는 선생님이라는 말이라)
17. 예수께서 이르시되 나를 붙들지 말라 내가 아직 아버지께로 올라가지 아니하였노라 너는 내 형제들에게 가서 이르되 내가 내 아버지 곧 너희 아버지,[6] 내 하나님 곧 너희 하나님께로 올라간다 하라 하시니
18. 막달라 마리아가 가서 제자들에게 내가 주를 보았다[7] 하고 또 주께서 자기에게 이렇게 말씀하셨다 이르니라[8]

저자 해설 및 묵상

예수님의 부활의 첫 증인이 된 사람은 다름 아닌 막달라 마리아입니다.[9] 당시 유대인들은 여인들의 증언을 신뢰할 만한 것으로 여기지 않았고, 법정에서 여인들의 증거는 효력이 없었습니다. 요한이 막달라 마리아를 예수님의 부활의 첫 증인으로 제시한 것은 예수님의 부활 기사가 결코 창작된 것이 아님을 보여줍니다. 만일 누군가 부활 기사를 창작하려고 했다면, 당시 사회에서 더 신뢰감이 가고 무게감이 느껴 있는 증인들을 제시했을 것이고, 그 과정에서 막달라 마리아는 자연스레 이 증인 후보에서 탈락했을 것입니다. 막달라 마리아가 그리스도 부활의 첫 증인으로 제시됐다는 사실은 저자 요한이 기록한 부활 기사의 진정성을 강력히 암시합니다.

나아가 막달라 마리아가 부활의 첫 증인이었다는 사실은 하나님이 일하시는 방식을 보여줍니다. 하나님은 인간이 정해놓은 틀이나 권위 구조 또는 사회의 선호도에 맞춰 일하시는 분이 아닙니다(만일 그랬다면, 하나님은 막달라 마리아가 아니라 당시 유대 사회에서 더 쉽게 용인되고 존경 받을 수 있는 사람을 부활의 첫 증인으로 삼으셨을 것입니다). 하나님이 일하시는 방법은 결코 인간이 정해놓은 틀에 가둬둘 수 없습니다.

우리는 종종 하나님의 일하심에 대해 우리의 관점으로 생각합니다. 하나님에 대한 선입견을 강하게 가지고 있습니다. 하지만 하나님은 종종 우리의 상식을 벗어나는 방식으로 일하십니다. 예수 그리스도의 부활이 그렇고, 부활의 소식을 전할 소명을 막달라 마리아에게 주신 것도 그렇습니다. 당시 사회 통념상, 여성의 말의 권위가 매우 떨어졌음에도 불구하고 하나님은 막달라 마리아를 택하셨

저자 해설 및 묵상

습니다. 하나님이 일하시는 방식을 우리의 협소한 틀에 맞추어 제한하지 마십시오. 우리의 죄를 용서하시기 위해 하나님은 우리가 상상할 수 없는 방식으로 우리를 구원하셨습니다. 예수님이 우리의 죄를 대신 지고 십자가에 못 박혀 돌아가셨습니다. 그리고 죄악과 사망의 권세를 이기시고 부활하셨습니다.

저주와 참혹함의 상징이었던 십자가는 죄를 사해주신 하나님의 사랑과, 사망의 권세를 이기신 예수 그리스도의 승리의 상징이 되었습니다. 그리고 그 놀라운 역사의 현장을 막달라 마리아에게 최초로 보여주셨습니다. 그리고 그녀를 부활의 최초 증인으로 세우셨습니다. 이렇게 하나님은 우리의 상상을 뛰어넘어 일하시는 분입니다. 예수님의 부활하심과, 막달라 마리아가 부활의 첫 증인이었다는 사실이 우리에게 적잖은 여운과 파장을 던져줍니다.

 **묵상과 적용을 위한 질문**

이런저런 방식으르 하나님이 일하시는 방식을 우리 자신의 협소한 틀에 맞추어 제한하려 하진 않았습니까? 예수님의 부활과 부활의 첫 증인이 막달라 마리아였다는 사실이 우리에게 주는 여운과 교훈은 무엇입니까?

_____
_____
_____

 **나만의 묵상 메모**

_____
_____

 **저자와 함께 하는 한줄 기도**

하나님은 하나님의 방식대로 일하신다는 영광스러운 진리를 가감 없이 대면 케 하소서.

기도와 결단

- 오늘 묵상한 말씀의 적용과 삶의 결단을 담아 자신의 기도를 적어보세요.

_____
_____

37 DAY

부활 예수 제자들을 찾아가다

오늘의 본문 요 20:19-23

19 이 날 곧 안식 후 첫날 저녁 때에 제자들이 유대인들을 두려워하여 모인 곳의 문들을 닫았더니 예수께서 오사 가운데 서서 이르시되 너희에게 평강이 있을지어다

20 이 말씀을 하시고 손과 옆구리를 보이시니 제자들이 주를 보고 기뻐하더라[10]

21 예수께서 또 이르시되 너희에게 평강이 있을지어다 아버지께서 나를 보내신 것 같이 나도 너희를 보내노라

22 이 말씀을 하시고 그들을 향하사 숨을 내쉬며 이르시되 성령[11]을 받으라[12]

23 너희가 누구의 죄든지 사하면 사하여질 것이요 누구의 죄든지 그대로 두면 그대로 있으리라 하시니라[13]

저자 해설 및 묵상

제자들은 바리새인들을 비롯한 유대 관원들이 자신들마저 죽일까 두려워하여 문이란 문은 다 꽁꽁 걸어 잠그고, 숨어 지내고 있습니다. 하지만 다시 사신 주님께서 숨어 있는 제자들을 찾아오십니다. 그리고 자신의 상처 난 손목과 옆구리를 보이십니다(20절). 이를 통해 제자들은 십자가에 못 박혀 죽었던 예수님이 부활하셨음을 생생히 목도합니다. 신학적 표현을 쓴다면, 사도들은 역사적 예수와 부활하신 그리스도가 바로 한 분이심을 확신하게 됩니다(요 20:20[27절 참조]).

두려움에 사로잡힌 그들에게 주님께서 평강을 선사하십니다(21절). "너희에게 평강이 있을지어다"는 당시 유대인들의 통상적인 인사였습니다만, 두려움에 사로잡힌 제자들에게 부활하신 주님께서 보내시는 평강의 메시지는 통상적인 인사치레를 뛰어넘는 의미가 있습니다. 제자들은 유대인들에 대한 두려움으로 문을 다 잠그고 집 안에 숨어 있었습니다. 자신들 역시 스승 예수처럼 십자가에 처형되도록 내몰릴지 모르겠다는 생각이 들었을 것입니다. 그런 제자들에게 주님은 평강을 선언하십니다. "너희에게 평강이 있을지어다"(19, 21절).

죽음을 두려워하는 제자들에게 사망을 이기신 주님께서 평강을 주십니다. 그래서 이 평강의 선언은 매우 특별합니다. 주님이 주시는 평강은 진실로 세상이 주는 것과는 차원이 다릅니다(요 14:27 참조). 두려움에 사로잡혔던 제자들에게 평강과 기쁨이 넘쳐나게 된 것은 바로 주님께서 부활하셔서 그들을 직접 찾아오셨기 때문입니다. 부활하신 주님과의 대면은 이처럼 엄청난 차이를 가져옵니다!(고전 15:5-11 참조)

하나님의 '어린 양'(요 1:29)으로, 세상 죄를 지고, 십자가에서 죽으셨던 예수

저자 해설 및 묵상

님이 부활하셨습니다. 예수님의 부활은 십자가의 대속 사역이 완성되었음(요 19:30 참조)을 확증합니다. 이 좋은 소식을 먼저 들은 제자들이 세상 끝까지 가서 전해야 할 가장 중요하면서 기쁜 소식입니다(요 20:23; 행 1:8). 이 소식은 인지적 동의의 차원을 넘어 심령의 변화와 삶의 변혁을 가져오는 소식입니다.

이 고귀한 소식을 전하기 위해 주님은 제자들을 세상 속으로 파송하십니다. "아버지께서 나를 보내신 것 같이 나도 너희를 보내노라."(요 20:21). 세상으로 파송된 제자들은 그리스도의 대사요, 좋은 소식을 전하는 전령입니다(요 20:23). 하지만 제자들 자신의 힘만으로는 이 일을 감당하기에 역부족입니다. 그래서 주님은 승천하신 후 곧 성령을 보내주실 것입니다(행 2장). 예수님은 제자들에게 숨을 불어넣는 상징적 행동을 통해 곧 성령이 제자들에게 오셔서 그들과 함께하실 것을 확증하십니다(요 20:22 [14-16장 참조]). 성령의 오심은 그리스도께서 제자들과 함께하심을 의미합니다(마 28:20 참조). 성령은 그리스도의 영이기 때문입니다(롬 8:9; 행 16:6-7).

아마 독자님 중 대부분은 예수님의 부활을 인정하실 것입니다. 그러나 진정 부활하신 주님으로 인해 삶 속에서 참된 평강과 기쁨을 누리고 계신지요? 살면서 부활하신 예수님께 집중하며, 매일 동행하고 계십니까? 부활하신 주님과 동행하며 그분을 가까이 대면할 때 염려와 두려움에 쉽게 눌리는 우리 마음 가운데 참 기쁨과 평강이 샘솟게 될 것입니다. 그리고 주님의 마음이 세상의 잃어버린 영혼들을 향하신다는 사실 또한 깨닫게 될 것입니다(요 20:21-23[3:16 참조]). 그리고 사도들과 같이 그리스도의 복음을 전하는 자들로 우리를 부르신다는 사실을 깨닫게 될 것입니다(요 20:19-23 [행 1-12 참조]).

 **묵상과 적용을 위한 질문**

당신은 부활하신 주님을 기뻐하고, 집중하며, 동행하고 계십니까? 당신은 그리스도의 십자가 대속과 부활의 영광을 유통하는 사람입니까? 아니면 독점하고 있습니까?

_____
_____
_____

 나만의 묵상 메모

_____
_____
_____

 **저자와 함께 하는 한줄 기도**

제 인생이 예수님의 십자가 대속과 부활의 복된 소식을 유통하는 삶 되게 하소서.

기도와 결단

• 오늘 묵상한 말씀의 적용과 삶의 결단을 담아 자신의 기도를 적어보세요.

_____
_____

도마 그리고 '도마'

오늘의 본문 요 20:24-28

24 열두 제자 중의 하나로서 디두모라 불리는 도마[14]는 예수께서 오셨을 때에 함께 있지 아니한지라

25 다른 제자들이 그에게 이르되 우리가 주를 보았노라[15] 하니 도마가 이르되 내가 그의 손의 못 자국을 보며 내 손가락을 그 못 자국에 넣으며 내 손을 그 옆구리에 넣어 보지 않고는 믿지 아니하겠노라[16] 하니라

26 여드레를 지나서 제자들이 다시 집 안에 있을 때에 도마도 함께 있고 문들이 닫혔는데 예수께서 오사 가운데 서서 이르시되 너희에게 평강이 있을지어다 하시고

27 도마에게 이르시되 네 손가락을 이리 내밀어 내 손을 보고 네 손을 내밀어 내 옆구리에 넣어 보라 그리하여 믿음 없는 자가 되지 말고 믿는 자가 되라

28 도마가 대답하여 이르되 나의 주님이시요 나의 하나님이시니이다

저자 해설 및 묵상

부활하신 예수님이 제자들을 방문하셨을 때(요 20:19-23) 도마는 그 자리에 없었습니다. 동료 제자들이 도마에게 "부활하신 주님을 직접 이 두 눈으로 직접 봤어"라며 생생하게 증언했지만, 도마는 이를 받아들이지 않습니다. 도마는 "내가 그의 손의 못 자국을 보며 내 손가락을 그 못 자국에 넣으며 내 손을 그 옆구리에 넣어 보지 않고는 믿지 아니하겠노라"(25절)고 동료들의 증언을 반박합니다. 이런 도마의 반박 장면을 기록하면서 저자 요한은 헬라어 문법상 가장 강력한 부정 혹은 금지(emphatic negation/prohibition)를 표현할 때 쓰는 구문을 사용합니다. 말하자면, 도마는 동료 제자들의 증언에 정중하게 이견을 표현한 게 아니라 가장 강력한 방식으로 그 증언을 거부했습니다.

오늘 본문이 왜 도마가 그렇게 강력하게 반응했는지에 대해 구체적으로 말씀하고 있지 않기에 우리가 정확히 알 수는 없습니다만, 어찌 됐든 도마는 동료들의 증언을 단호히 거부하고 예수님이 부활하셨다는 소식을 날카롭게 거절합니다.

여드레 뒤에 도마를 만나주시기 위해 부활하신 예수님은 제자들을 다시 한번 찾아와 주십니다(요 20:26 이하). 도마를 마주하신 주님은 "네 손가락을 이리 내밀어 내 손을 보고 네 손을 내밀어 내 옆구리에 넣어 보라 그리하여 믿음 없는 자가 되지 말고 믿는 자가 되라"라고 말씀하십니다(요 20:27). 도마는 자신 앞에 서 있는 분이 바로 자신과 함께 3년간 지내면서 표적을 행하시고, 자신과 동료들을 가르쳐 주셨으며, 십자가에 죽으셨던 바로 그분임을 즉시 알았습니다. 부활하신 주님을 직접 대면했을 때, 의심 많던 도마는 "나의 주님이시요 나의 하나님이시니이다"(요 20:23)라는 강렬한 고백으로 예수 그리스도에 대한 신앙을 고백

저자 해설 및 묵상

합니다. 실제로 요한복음을 연구하는 많은 학자가 "나의 주님이시요 나의 하나님이시니이다"(요 20:28)는 도마의 고백이 요한복음 전체의 클라이맥스라는 데 동의합니다.

부활의 소식을 거부하던 도마가 요한복음서 전체의 절정이라 불릴 만큼 아름답고 영광스러운 신앙고백을 하는 이 장면(요 20:28)은 우리가 복음을 거부하는 이들에 대해 너무 쉽사리 포기하거나 낙담하지 말아야 할 이유를 보여줍니다. 오늘 복음을 거부하는 '도마'(가족, 친구, 혹은 이웃)가 내일은 우리가 따라갈 수 없는 열정적인 믿음을 고백하는 자가 될 수 있습니다. 우리의 관점에서 그들을 쉽게 낙인 찍거나 포기해서는 안 됩니다. 그들을 위해 계속 인내로 기도하고 기다려야 합니다. 말씀의 선포를 통해 그리고 치열한 섬김의 삶을 통해 하나님 나라의 복음을 그들에게 계속 전해야 합니다. 주님께서 우리 주변의 '도마'를 만나 주시는 은혜를 간구합니다.

묵상과 적용을 위한 질문

우리 자신의 관점에서 주변의 '도마'를 낙인 찍거나 포기하지는 않았나요? 주변의 '도마'를 위해 인내로 기도하고 기다리며 주의 사랑을 전하고 있나요?

_____
_____
_____

 나만의 묵상 메모

_____
_____
_____

 **저자와 함께 하는 한줄 기도**

제 주변의 '도마'가 예수님을 '나의 주, 나의 하나님'으로 고백하는 큰 은혜 주소서.

기도와 결단

- 오늘 묵상한 말씀의 적용과 삶의 결단을 담아 자신의 기도를 적어보세요.

_____
_____

"보지 못하고 믿는 자들은 복되도다"

오늘의 본문 요 20:29-31

29 예수께서 이르시되 너는 나를 본 고로 믿느냐 보지 못하고 믿는 자들은 복되도다 하시니라
30 예수께서 제자들 앞에서 이 책에 기록되지 아니한 다른 표적도 많이 행하셨으나
31 오직 이것을 기록함은 너희로 예수께서 하나님의 아들 그리스도이심을 믿게 하려 함이요 또 너희로 믿고 그 이름을 힘입어 생명17을 얻게 하려 함이니라

저자 해설 및 묵상

"내 생전에 한 번만 예수님을 직접 대면하면 얼마나 좋을까?"라는 이야기를 어렵지 않게 접합니다. 이런 바람은 처음 믿은 사람이과 신앙 연륜이 깊은 사람을 가리지 않습니다. 그만큼 성도들이 그리스도의 현현(Christophany) 체험을 사모한다는 의미이겠지요. 그런 점에서 요한복음의 클라이맥스로 불리는 도마의 신앙고백("나의 주님이시요 나의 하나님이시니이다'[요 20:28]") 직후에 주님이 하신 말씀은 찬물을 끼얹으시는 것처럼 느껴질 수 있습니다. "너는 나를 본 고로 믿느냐 보지 못하고 믿는 자들은 복되도다"(요 20:29). 주님은 왜 [부활하신 주를 직접] "보지 못하고 믿는 자들은 복 되도다"고 선언하시는 것일까요?

예수님께서 "보지 못하고 믿는 자들은 복 되도다"(요 20:29)말씀 하셨다고 하여, 부활하신 주님을 직접 목도한 도마나 다른 사도들 그리고 막달라 마리아가 복되지 않다는 뜻은 결코 아닙니다. 사도 바울이 부활하신 주님을 다메섹 도상에서 대면한 것은 무엇과도 바꿀 수 없는 복된 체험이었습니다. 후에 바울은 고린도전서에서 부활의 확실성을 증명하며, 게바(베드로)를 시작으로 바울 자신에 이르기까지 부활하신 주님을 직접 목도한 이들의 리스트를 제공합니다(고전 15:5-8). 만일 부활하신 주님을 목도한 것이 복된 일이 아니라면, 사도 바울이 그 맥락에서 그런 리스트를 제공할 리가 없었을 것입니다.

"보지 못하고 믿는 자들은 복되도다"(요 20:29)는 주님의 선언은 요한복음의 독자들을 포함한 2세대 그리스도인들과 우리를 포함한 후대의 모든 그리스도인을 위한 말씀으로 이해해야 합니다(요 20:30-31 참조). "보지 못 하고 믿는 자들"(20:29)은 부활하신 주님을 육안으로 직접 대면하지 못했지만 여러 가지 경

저자 해설 및 묵상

로를 통해 예수 그리스도를 믿고 그분을 '나의 주 나의 하나님'으로 고백하게 된 이들을 가리킵니다(요 20:30-31[벧전 1:8; 고후 5:7 참조]). 예수님은 그런 자들이 주님의 부활을 직접 목도한 이들보다 조금도 부족하지 않음을 명확하게 짚어주십니다.

우리에게 본질적으로 중요한 것은 주님을 육안으로 보았는가가 아닌 복음을 듣고 부활하신 그리스도를 믿어 영생을 얻는가, 아닌가의 문제입니다(요 20:30-31[3:16 참조]). 그리스도를 믿어 영생을 누리는 모든 세대의 그리스도인들은 예수님을 직접 목도했던 자들과 한치의 오차도 없이 매우 복된 자들입니다! 모든 인간에게 있어 가장 중요한 것은 '예수께서 하나님의 아들 그리스도이심을 … 믿고 그 이름을 힘입어 생명을' 얻는 것입니다(요 20:31).

연관해서 한 가지만 더 생각해 보겠습니다. 요한은 예수님에 대해 나누고 싶은 것이 많이 있었겠지만 영생의 문제에 집중하는 것을 선택합니다(요 20:30-31; 21:25). 하나님의 아들 예수 그리스도와 참된 관계를 통해 영원한 생명을 누리는가, 아니면 그를 거부하여 영원한 멸망에 이르는가의 문제가 저자 요한의 절대적인 집필 기준이었습니다.

우리는 과연 어떤 원리에 근거해서 살고 있습니까? 그리고 무엇에 선택-집중하고 있습니까? 혹시 영원(영생)과는 관계없는 그저 며칠만 지나도 별 가치 없을 일에 열을 내며 시간을 보내고 있는 것은 아닌가요? 영원의 관점에서 일상의 우선순위를 재배열하고, 그렇게 재배열된 우선순위에 따라 지금부터 여기서부터(here and now) 영원한 생명을 경험하는 필자와 독자가 되길 간절히 기도합니다(요 3:16-21 참조).

묵상과 적용을 위한 질문

당신은 어떤 관점을 오늘을 살고 있습니까? 당신이 살면서 어떤 것을 선택하고 거기에 집중하는 기준은 무엇입니까? 당신 삶의 우선순위는 무엇입니까? 영생의 관점(혹은 영원의 관점)에서 산다는 것은 오늘 당신의 삶에 어떤 구체적 의미로 다가오나요?

_____

_____

 나만의 묵상 메모

_____

_____

 **저자와 함께 하는 한줄 기도**

예수님을 믿어 누리는 생명이 참 복임을 기억하고, 영원(영생)의 관점에서 오늘을 살게 하소서.

기도와 결단

- 오늘 묵상한 말씀의 적용과 삶의 결단을 담아 자신의 기도를 적어보세요.

_____

_____

더 깊은 묵상과 기도(Ⅵ)

오늘의 본문 요 20장 전체

오늘은 지난 4일(Day36 - Day39)간 묵상했던 본문을 다시 한 번 더 깊이 묵상하며, 기도의 자리로 나아가는 날입니다. 먼저 오늘의 본문을 2회 이상 천천히 기도하는 마음으로 읽으시고 그 가운데 주님의 인도하심을 따라 더 깊이 있는 말씀 묵상과, 기도의 자리로 나아가시기 바랍니다. 다음의 질문들이 묵상과 기도에 도움이 되실 것입니다.

- 오늘 말씀 묵상을 통해 지난 6일간 묵상했던 내용 중 특별히 더 주목되는 부분은 무엇입니까? 지난 6일간 새롭게 깨닫게 된 부분은 무엇입니까?

_____
_____
_____

- 지난 6일간 깨달은 내용 중 그간 실천한 것은 무엇입니까? 그렇게 실천하는 과정에서 무엇을 새롭게 경험했습니까?

_____
_____
_____

• 실천하는 과정에서 어려웠던 것은 또 무엇입니까? 지난 6일간 깨달은 내용 중 제대로 실천하지 못 했거나 잊어버렸던 것은 무엇입니까?

• 지난 6일간 깨달은 것과 실천할 수 있었던 것에 대해 주님께 감사의 기도와 찬양을 드리시기 바랍니다. 아직 실천하지 않고 있거나 실천하면서 어려움이 있는 것들에 대해 주님께서 힘을 주셔서 실천할 수 있게 허 달라고 간구하세요.

• 그 외의 묵상 내용과 기도에 대해서 자유롭게 적어보세요.

더 깊은 묵상	더 깊은 기도

더 깊은 이해를 위한 추가해설
Days 36-40(6주차)

1. 당시에 무덤 입구에 있는 돌은 무거워서 그것을 옮기려면 장정 몇 명이 필요하곤 했다.
2. 이 시점에서 베드로와 다른 제자(아마도 요한)는 무슨 일이 벌어졌는지에 대해 얼마간 '감'을 잡았던 듯하다. 그러나 아직 그들에게 확고하고 충분한 이해는 없었다(바로 이어지는 9, 10절을 보라).
3. 저자 요한은 요 20:9에서 구약의 특정 구절을 직접 인용하는 것이 아니라 구약성경의 여러 구절(예: 사 53:10-12; 시 16:9-11; 호 6:2)에 걸쳐 나타나는 주요주제와 구약의 전체 논리 및 동력에 근거하여 그리스도의 부활의 필연성을 언급한다.
4. 막달라 마리아는 아직 예수님이 부활하셨음을 깨닫지 못 하고 있었다. 예수님의 무덤이 동산 안에 위치했기에(요 19:41) 막달라 마리아는 자기에게 말하고 있는 분(부활하신 예수님)을 동산지기라고 생각했다.
5. "랍오니"(요 20:16)는 문자적으로 '나의 선생님'이란 뜻이다.
6. 롬 8:15-16; 히 2:11을 참고하라.
7. "내가 주를 보았다"(요 20:18)에서 '내가 보았다'는 헬라어로 ἑώρακα(헤오라카)인데, 이는 현재완료 동사다. 이를 영어로 번역하면, 'I have seen' 정도가 된다. 여기서 과거시제 대신 현재 완료시제가 사용된 것은 부활하신 주님을 만난 사건이 막달라 마리아에게 여전히 영향을 끼치고 있음을 암시한다. 이어지는 구절에서 제자들(사도들)이 부활하신 주님을 만난 후(요 20:19-23)에 그때 자리를 비웠던 동료 도마에게 그 일에 대해 말할 때도 (과거시제가 아니라) 현재 완료시제 동사인 ἑωράκαμεν(헤오라카멘)이 사용된다(25절: "우리가 주를 보았노라"[we have seen the Lord]).
8. '표적의 책'이란 별칭을 갖는 요한복음의 전반부(요 1:19-12:50)은 예수 그리스도의 신적 정체성을 가리키는 일곱 개의 표적을 포함한다. 그 일곱 개의 표적은 다음과 같다.
   1) 요 2:1-11 물로 포도주를 만드심
   2) 요 4:43-54 관원의 아들을 고치심
   3) 요 5:1-15 연못에서 장애인을 고치심
   4) 요 6:1-14 오병이어의 표적을 베푸심
   5) 요 6:16-21 물 위를 걸으심
   6) 요 9:1-12 시각장애인으로 태어난 사람을 고치심
   7) 요 11:38-44 나사로를 살리심

   그러나 요한복음에서 가장 궁극적인 표적은 바로 그리스도의 부활(요 20, 21장)이다.
9. 공관복음(마태, 마가, 누가복음)은 막달라 마리아 외의 다른 여인들을 함께 언급한다(마 28:1; 막

더 깊은 이해를 위한 추가해설
Days 36-40(6주차)

16:1; 눅24:1, 10). 하지만 마태, 마가, 누가 모두 이 여인들의 이름을 제시하기에 앞서 막달라 마리아를 먼저 언급한다. 요한이 이 여인 중 가장 주도적인 역할을 했던 막달라 마리아에 집중하는 차원에서 그녀만을 명시적으로 언급한다고 본다면, 이 대목에서 공관복음과 요한복음의 기사를 서로 조화, 통합하는 것이 어렵지 않아 보인다.

10 부활하신 주님을 목도한 후 제자들이 기뻐한 것(요 20:20)은 앞서 예수님이 말씀하셨던 바(요 16:20-22)의 성취다.

11 제자들이 성령을 받는 것은 바로 앞선 절(요 20:21)에서 언급된 선교적 사명('보내심'을 받음)과 관계되어 있다(행 1:8 참조).

12 요 20:22는 머지않아 있게 될 오순절 성령강림(행 2)에 대한 예고였다.

13 여기 요 20:23에서 수동태의 사용("사해질 것이요")은 죄사함의 주체가 (사도들이 아니라) 하나님이심을 보여준다. 사도들은(그리고 모든 예수의 제자들은) 그리스도를 향한 믿음에 대해, 회개에 대해, 그리고 십자가 대속을 통한 죄사함에 대해 세상에 전파할 사명을 부여 받았다. 마 16:19, 18:18-19를 함께 참조하라.

14 요 11:16; 14:5을 보라. '디두모'(헬라어) 그리고 '도마'(아람어) 모두 쌍둥이를 뜻한다.

15 "우리가 주를 보았노라"는 (과거시제가 아니라) 현재 완료시제다. 부활하신 주님을 대면한 일이 여전히 사도들에게 큰 영향을 끼치고 있었다. 그것은 단지 과거의 경험이 아니었다. 사도들은 그들이 부활하신 주님을 마치 지금 계속 보고 있는 듯이 이야기한다.

16 여기서 도마의 선언("내가 그의 손의 못 자국을 보며 내 손가락을 그 못 자국에 넣으며 내 손을 그 옆구리에 넣어 보지 않고는 믿지 아니하겠노라")은 헬라어 문법상 가장 강력하고도 가장 강조된 부정 어법을 사용한다. 그만큼 도마의 부정(negation)은 강렬했다. 하지만 부활하신 주님을 대면할 때 그 강렬한 부정은 강렬한 신앙고백(요 20:28)으로 변했다.

17 요한복음에서 '생명'과 '영생'(예: 요 3:16)은 서로 동의어다.

맺으면서

부활의 제자도

예수 그리스도의 부활은 신약성경의 중심축이며 기독교 신앙의 근간입니다 (고전 15:12-34). 그렇기에 예수 그리스도의 부활에 대한 신앙고백이 결정적으로 중요합니다. 하지만 예수님의 부활을 믿는다는 것은 교리적 동의 이상을 의미합니다. 참된 부활신앙은 오늘 각자 처한 삶의 자리에서 죽음 권세 이기시고 다시 사신 주님과 동행함을 뜻합니다. 매일의 삶 가운데 주님의 양으로 목자 되신 그분을 겸손하게 따름을 뜻합니다. 주님 떠나서는 아무 것도 할 수 없음을 겸허히 인정하고 생명의 근원되신 그 분께 의존함을 의미합니다.

예수 그리스도의 다시 사심을 진실로 믿는 자는 무엇보다 "나를 따르라"(요 21:19, 22)는 그분의 음성에 반응해야 합니다. 여기서 "따르라"는 명령은 헬라어로 '아콜루떼이'(ἀκολούθει)인데, '지속적으로 좇는다'는 의미입니다. 부활하신 주님을 따르는 일은 완벽함이 아닌, 충성됨과 꾸준함을 전제합니다.

주님께서는 "이제 내가 부활했으니 죽음의 상징인 십자가는 그만 잊어 버려라"고 말씀하시지 않습니다. 오히려 제자들이 자기 십자가를 지고 주님 가신 길을 좇아 가도록 이끄십니다(요 21:18-19; 막 8:34; 벧전 2:21 참조). 그 가운데 제자들이 주님의 십자가 대속의 공로를 겸손히 의지하도록 도우십니다(요 1:29; 6:22-59; 갈 3:13; 롬 5장 참조). 십자가를 지고 예수님을 따르는 힘겨운 여정 가운데 부활의 능력을 경험케 하십니다(빌 3:10-11 참조).

우리는 주님께서 이미 부활하셨고, 우리들은 아직 부활의 몸을 입지 않은 시점을 살고 있습니다. 하지만 잠자는 자들의 첫 열매이신 예수 그리스도의 부활이 우리가 부활할 그 날의 확실성을 담보해 줍니다(고전 15장; 요 6:54). 그 날이 올 때까지(혹은 우리 영혼이 주님 품에 안길 때까지) 우리는 "나를 따르라"는 주의 명령에 지속적으로 반응해야 합니다. 그것이 바로 오늘 우리가 살아야 할 부활의 제자도입니다.

---

1 요한복음에 따르면, 예수님이 공중 앞에 처음 등장하실 때 침례 요한이 그를 보고 "보라 세상 죄를 지고 가는 하나님의 어린양" (요 1:29)이라고 선언한다. 이 선언이 예수님이 공중 앞에서 처음 등장하실 때 나온 언급이라는 사실에 으리는 주목해야 한다. 저자 요한은 우리가 예수님이 '세상 죄를 지신 하나님의 어린양' 되심에 입각하여 이어지는 복음서의 내용을 이해하고 믿고 순종하기를 원하는 마음으로 요한복음을 썼다.

부록
21일(3주) 일정에 맞추어 사용하시는 방법

『예수님의 고난과 부활에 대한 40일간의 묵상』 시리즈는 40일 묵상 일정을 염두에 두고 쓰였습니다. 하지만 교회, 소그룹 혹은 개인의 사정에 따라 이를 압축하여 21일(3주) 일정으로 진행하는 것이 가능합니다. 이 경우, 매일 2일차를 20일간(2일치분x 20일간) 묵상하고, 마지막 21일차에 '맺으면서' 부분을 읽으시면 됩니다.

아래에 21일(3주 일정)을 표로 제시합니다.

21일(3주 일정)	책에서 묵상할 분량	21일(3주 일정)	책에서 묵상할 분량
1일차	Day 1 & Day 2	12일차	Day 23 & Day 24
2일차	Day 3 & Day 4	13일차	Day 25 & Day 26
3일차	Day 5 & Day 6	14일차	Day 27 & Day 28
4일차	Day 7 & Day 8	15일차	Day 29 & Day 30
5일차	Day 9 & Day 10	16일차	Day 31 & Day 32
6일차	Day 11 & Day 12	17일차	Day 33 & Day 34
7일차	Day 13 & Day 14	18일차	Day 35 & Day 36
8일차	Day 15 & Day 16	19일차	Day 37 & Day 38
9일차	Day 17 & Day 18	20일차	Day 39 & Day 40
10일차	Day 19 & Day 20	21일차	맺으면서
11일차	Day 21 & Day 22